断言しよう、人生は変えられるのだ。

ジョン・キム

サンマーク出版

はじめに

人生の景色を変える鍵は、自分の「中」にしかない

多くの人は、人生を変えたいと思っている。

しかし、不思議なことに、多くの人が自分の人生を変えるのは難しいと考えている。

私もその一人だった。

今のままではいけない。新しい人生を切り開きたい。心から渇望し、もがき苦しんだ時期も何度かあった。

だが、安心してほしい。**結論からいうと、人生を変えるのは難しいことでもなんでもない。必要なのは、少しばかりの勇気と、ほんのちょっとした視点の転換だ。**


大学で教えていた頃、人生に苦しむ学生や卒業生たちを大勢、見てきた。みんな一生懸命に頑張っていた。そういう学生に限って、私のもとに相談にやってきた。中には、涙を流しながら訴えかけてくる子たちもいた。

頑張っていない学生や卒業生は、そもそも相談に来ないのだ。なぜなら、悩みを持たないからである。

精一杯頑張ろうとするからこそ、結果に結びついていかないことに対する不安が生まれる。このままでいいのか、という悩みが生まれる。

人生に悩み、苦しんでいるということは、人生を本気で生きている証《あかし》ともいえるのだ。だから、悩みがあること自体、それが人生を大きく変える契機となり得る。

相談を受けた私がいつも意識していたのは、新しい視点を提供することだった。視点を転換するのだ。そうすれば、実はもう涙は出なくなる。明るく、笑顔で頑張れる自分になる。これは、学生でも社会人でも同じだった。

おそらく日本の社会には、熱意を持って頑張っているけれど、それが空回りしている感覚を持っている人は少なくないと思う。

空回りしない頑張り方はあるのか、自分が頑張っている価値や喜びを実感できる方法はあるのか。それを知りたい人はきっと多いと思う。

「外」を変えることではできない。重要なのは、内面の気づきなのだ。それこそが、視点を変えることにほかならない。

視点を変えることで、われわれの見える世界は大きく変わってくる。**日常の景色を変えたいときには、外の景色を変えるのではなく、自分の見る目線を変えるのだ。**そうすることで、まったく見えてくるものが変わっていくのである。


仕事に精一杯打ち込んでいるのに、焦りと不安が消えないのはなぜだろう。本書は、その理由を解き明かし、焦りと不安をなくす方法を伝える一冊である。また、**頑張っていること自体に意味を見出《みいだ》し、仕事や人間関係から喜びを見出すためにどうすればよいのか**を、自らに問いかける一冊である。

明日のために、今日を犠牲にしないような生き方。明日の目標を実現するために、今日を苦しまないような生き方。明日の目標に向かいつつも、今日の過程や瞬間を楽しめる生き方。そんな生き方を目指したい人に、ぜひ読んでほしい。

もし、あなたに今、見えている世界が、あなたの理想とする世界でなければ、それはきっとあなた自身に問題がある。正確にいえば、あなた自身の視点に問題がある。

その視点をあなたが変換させることができれば、あなたの見える世界は確実に変わっていく。世界を変える鍵は、実は「外」にあるのではなく、あなたの「中」にあるのだ。その内部こそが、視点である。

では、どんな視点があるのか。本書では、八つの視点を提供する。

「感情力」

「解釈力」

「感受力」

「対話力」

「人脈力」

「時間力」

「読書力」

「選択力」

この八つの視点を変えることで、あなたの今までとこれからを転換させる、一つのきっかけにしてほしいと私は考えている。


人生はとても長く、そして一方で短いものである。ところが、一度しかない自分の大事な人生において、自分が目指すゴールというものを、自分自身が明示的に理解していない人がほとんどではないだろうか。

何かを目指し、自分が走っている気にはなっているけれど、さて、自分が目指しているものは何なのか。夢は何なのか。そう聞かれたら、ほとんどの人は答えられない。だから、そこを明確にさせておく必要がある。

私の場合、目指すべきものは「絶対不可侵の自己」だと考えている。それは、自己成長と平静なる心で構成されている。

もちろん、人それぞれ、目指すものはいろいろであっていい。しかし、「絶対不可侵の自己」は、多くの人に汎用性のあるゴールだと私は考えている。

なぜなら、この目標を持っている限り、あらゆることに対処していくことができるからである。

最終ゴールは、「絶対不可侵の自己」を確立すること。

成功とは何か、幸福とは何かを自分の言葉で定義し、それに向けて日常を組み立てていく。

一瞬たりとも指揮権を手放すことなく、自分自身と自分の愛する人たちを最後まで守り抜く強さを身に付けていく人生。本書では、そのような絶対不可侵の人生を構築するために必要な武器として、八つの力を提唱し、それを手に入れるための方法を論じようと、思っている。
さあ、出発だ。

断言しよう、人生は変えられるのだ。

目次

第3章 感受力

第4章 対話力

第5章 人脈力

第6章 時間力

第7章 読書力

第8章 選択力

ブックデザイン　轡田昭彦＋坪井朋子
編集協力　上阪 徹、株式会社ぷれす
編集　高橋朋宏、池田るり子（サンマーク出版）

第1章

感情力

自分を苦しめる人に力を与えているのは自分である

常に穏やかでありながらも、自己成長をし続けられる人。
これが、私が理想とする人物像である。

自己成長と平静なる心。一見、相反するようにも見えるこの二つを、日常において相乗的に統合できる人こそが、満たされた感覚を持って日々を生きることができ、自己に対する信頼を持ちながらも、他者に対する思いやりや愛情を持つことができると考える。結果を出すために苦しい過程を我慢するのではなく、結果に向かって踏み出す一歩一歩に意味を見出《みいだ》し、楽しむことができる人になる。

成功するために懸命に奮闘していくと、最終的に心を乱されることが多くなるのも事実である。平静な心を乱し、苦しいけれど頑張る。結果を出すために自分を犠牲にし、家庭も犠牲にする。明日のために、今日無理をする……。こんな感覚で走ってきたという意識は、実は私の中にもある。

つまり、**人間は成長しているという感覚を持つと同時に、苦しんでいるような感覚を持つことが少なくない**。そして、これが当たり前だと思っている。過去の成功体験も、それを助長している。周囲のプレッシャーも、そういうものを求めている。

では、成長、出世のゴールとして経営トップに登り詰めれば、平静なる心が手に入れられるのかといえば、それは違う。

成功や出世は関係がないのだ。自らの意思で自分の心の中を平静にしなければ、それは永遠にやってこないのである。

そこで社会的な成功や出世などが重要視される世俗から離れて、平静なる心だけを目指して修行を積んでいくことも考えられる。しかし、それは大半のわれわれ社会人にとって現実的とはいえないのも事実である。不条理や理不尽が蔓延《まんえん》する世俗と関わりながらも、心は常に凪《なぎ》のような穏やかな状態を保ち続けること。その境地に達することで人生は今よりはるかに豊かなものになるのではないか。私はそう考えた。

そして、**自己成長と平静なる心は、両立するだけではなく、実は補完し合い、相乗**

し合う関係になり得るということに気づいておく必要がある。お互いにプラスの影響を与えるのだ。

　こんなふうに意識を変えていくことによって、世の中を眺める視点が変わってくる。視点が変われば、日常生活の組み立て方も変わっていく。


　平静なる心を持つことができればどうなるか。一点に集中することができる。例えば、凪のような心の状態、穏やかな状態でなければ、冷静な判断ができないことがある。難しい判断であればあるほど、そうだ。

　冷静な判断ができなければ、結果にはつながっていかない。成功も、成長も、出世も、目指すものが大きなものであるほど、おぼつかなくなるのである。

　外の世界には、自分にはどうにもできない不可抗力が多い。大事なことは、平静な心を保つためにも、自分の内面の世界を大きくしていくことである。


　世の中には、さまざまな理不尽が存在する。周囲には、権威を振り回す人もいれば、悪意を持った人もいる。そうした類いの人たちに力を与えているのは、実は自分だということに気づかなければいけない。

自分が権威や悪意に苦しめられていることに気づいたとき、実は彼らが力を持っていたのではなく、その力を容認していた自分を知ることができる。

思想家のフーコーはこう言っている。力とは、力を受ける側が自分の心理の中でつくり上げていくもの。**大事なことは、自分を大きくすること。相手に力を与えないこと**。相手が内面に土足で踏み込めないように、自分自身を守り抜くという決意を持つこと。そうすれば、自分が苦しむことはない、と。

必要なことは、内面世界を拡張することである。そしてそれは、進化ではない。深化である。目指すのは、深化なのだ。深いほど、内面世界の面積は大きくなる。

内面世界を拡張していくためには、幅広い好奇心を持つこと、学びの気持ちを持つこと。そして見たもの、感じたものを、自分の中で省察していく。自分なりに思索を積み重ねていく。そうすることで、自分の世界は静かに深まっていく。

世の中にはさまざまな理不尽が存在する。
大事なことは、自分を大きくすること。
相手に力を与えないこと。

自分を愛せなければ、他人は愛せない

日常生活において、しっかりと他者を意識できることは極めて重要なことである。だが、もし他者を高めたいのであれば、自分を高めておかなければいけない、ということに気づいておくことが大切である。

そして、**もし他者を愛したいのであれば、自分を愛することから始めなければならない**。自分を愛せない人間、自分を信じない人間が他者を愛しても、他者から見れば迷惑な話でしかない。

自分を愛することとは、他者に愛情を注ごうとしたときに、その価値を高めることにつながる。自分は世界へのプレゼントなのだ。そう理解すると、自分を愛することと、他者を愛することは相反しないということがわかる。

つまり、自分への投資は、最終的に相手への投資になるのだ。自分が学ぶことは、相手に与えるものを自分の中で創り出す作業でもある。自分を素敵にし、幸せにすれ

ば、相手を素敵に、幸せにすることができる。

だからこそ、日常を楽しむことが重要である。それが、相手を楽しませることにつながるからである。

それを阻害するのが、ネガティブな感情である。**ネガティブな感情が生まれたとき、大切なことは、その感情に自ら気づいてあげることだ**。ネガティブな感情を認めてあげる。それを除去しようとせず、容認してあげることで、結果的にネガティブな感情は逃げていく。

ポジティブな感情についてては、考える必要はない。どんどん伸ばしていけばいい。

しかし、ネガティブな感情についてては、しっかり向き合わなければいけない。

夜、家に帰ってきたとき、今日はこんなネガティブな感情を持ってしまった、と振り返ることは、かなり苦しいことだ。しかし、そうすることが、長期的に見ればネガティブな感情に陥《おちい》りやすい自分を救ってくれる。一瞬は苦しいものになるが、自己のネガティブな感情を振り返り、できれば記録しておくことだ。

そうすることで、自分の中でネガティブな感情を客観化できる。

客観化する意味とは、対象と一定の距離を置き、理性という光で照らしながら眺めることであり、それができたときに初めて、本当の意味で理解ができるということだ。そして、自分で修正をしていくことができる。

最も危険なのは、ネガティブな感情と向き合おうとしないことだ。その結果、ネガティブな感情の奴隷になってしまう。

そこに存在するのに、自ら気づこうとせず、避けようとすることで、ネガティブな感情はじわじわと自分を蝕《むしば》んでいくのである。

意識をしていないつもりでも、実は気づかないうちに意識している。ネガティブな感情は、無意識の中で増殖し、影響力を大きくしていく。**必要なことは、ネガティブな感情を、無意識の空間から意識の空間へと移行させていくことだ。**向き合い、客観化することで、それが可能になるのである。

悪意にも一パーセントの真実が隠されている

人を傷つけてしまうミスには二種類ある。悪意に基《もと》づいた意図したミスと、結果的に傷つけてしまうミス。

後者については、多くの人が許す。しかし、前者についてはどうか。もちろん状況にもよるが、自分に対し、悪意を持って攻撃してくる人に対し、許せる人はどのくらいいるだろう。神様のように、大変な包容力で包み込みながら、悪意を持つ人間と付き合っていけるかといえば、私自身もそこまでの聖人になれるとは思えない。

しかし、だからといって、悪意を持って攻撃してくる人間に対して反撃をすべきかといえば、しないほうがいい。

そんなとき、私は**攻撃してくる人の未来の幸福を祈りながら、これ以上は関わらない姿勢を取る**。わかりやすい言葉に換えれば、挑発には乗らない、ということである。

一方で、自分を批判し、非難する人の言葉の中に、その九〇パーセント以上は意図した悪意かもしれないけれど、中には一パーセントの真実が隠されている場面があるかもしれない。そこには目を向けておくべきである。

親友には、親友であるからこそ、できない忠告がある。相手に欠点を見つけたとき、アドバイスをしたいが、それまでのさまざまな情から、それができない場面がある。

しかし、敵対的な意識を持っている相手は、そんなことは気にせず、いろんな攻撃をしてくる。

その攻撃の九九パーセントが間違っていたとしても、そこに一つの学ぶに値する真実があるとすれば、その敵でさえ、敵対する相手ではなく、感謝の対象と捉えることができる。

つまり、自分の成長のための種を投げてくれたのだ。敵に対して、「ありがとう」という言葉をかける必要はない。だが、心の中で感謝をするといい。

それはある意味で、敵に対して、その攻撃をかわす手段でもあるわけだが、さらにその次元を超える方法がある。敵の中から感謝の材料を自分で見つけ出そうという意識を持ち始めると、世の中はまったく違って見えてくる。

日常の中で自分に対して賛辞を送る人であっても、非難をする人であっても、両方とも、感謝の対象として捉えることができるのだ。

一方、悪意のないミスに問題がないのかといえば、実は違う。悪意のあるミスは、その人が覚醒し、改めればすぐに直すことができる。

だが、悪意はなくとも弱さから来るミスは、短期間で変えることはできない。弱さは、短期的には悪意のなさとして正当化されるかもしれないが、中長期的には悪になっていく可能性は高い。

いじめられている人を助けようと思いながらも、弱さのために声を出せない人は多い。しかし、いじめられている側からすれば、沈黙によって声を出さないことも、いじめを正当化していることにほかならない。声を出さない人への感情も、憎しみに変わる可能性がある。

面と向かって悪意を発する人だけでなく、それに無言な人、同調する人も、同じように悪意と受け止められるのだ。

弱さの怖さを認識しておくことである。そして、**悪意を持たないから自分は正しい、と思ってはいけない**。自分は勇気を持てないという弱さそのものも、中長期的には悪意になり得るのである。

自分を批判し、非難する人の言葉の中に、
一パーセントの真実が隠されているかもしれない。
自分と敵対する人でさえ、
感謝の対象となり得るのだ。

成功者は誰よりも心配性である

大きな成功を遂げた事業家に話を聞いていると、いつも思う。すんなり順調にいく事業などなく、波瀾万丈《はらんばんじょう》の人生が繰り広げられるということだ。

しかし、成功者が語る物語では、グチャグチャな人生が一直線に近い線で描かれる。軌道修正が行われ、自らの中で一直線に整理されて話が組み立てられるのだ。

人生は高速道路ではない。出発点から目的地まで一直線でゴールが敷かれていて、とにかく走ればいいわけではない。思ったようには進まない。

だが実は、そんな中でも、目的地をある程度定め、障壁を見極め、試行錯誤の中で自分なりの最短距離というものをつくろうとしているかどうか、ということが問われてくる。

果たして、人生のカーナビゲーションがあるか、ということである。

もちろん、いきなり最高性能のカーナビなど、手に入らない。カーナビの進化がそうであったように、まずはかなり原始的な性能からスタートをしなければならない。地図にも、すべてが描かれているわけではないだろう。

しかし、進化を目指そうとしていくうちに、自分の中でのカーナビのデータベースも増えていき、その性能を高めていくことができれば、リアルタイムで空から通知がもらえたりするようになる。

もとよりなぜ、成功者たちは優れたカーナビを持ち、紆余曲折《うよきょくせつ》を一直線で語れるのか。その一つの理由は、**彼らが一見、楽観的に見えるようで、実は誰よりも心配性だ**、ということである。失敗することを恐れ、恐怖している人が実は少なくないのだ。

実際、誰よりも自分はリスクを意識している、と語っていた成功者は少なくなかった。リスクに挑むとき、多くの人はその勇気を賞賛する。しかしそのとき、成功者たちはリスクをリスクでなくすために、そのリスクを理解し、除去する方法について、四六時中、真剣に考えているのだ。

本当に一流の人間の共通項に、こうした四六時中の情報処理がある。ワークライフバランスなどという言葉は、実は彼らにはない。表面的には、クールに遊びもエンジヨイし、仕事も人生も何の心配もないように見えるが、実は意識は常に働いているのだ。必要な情報処理は内在化されているのである。

無意識のうちに、自分の脳に仕事をさせているのだ。だから、彼らには余裕がある。カーナビを意識し、リスクを強く意識することだ。それは、無意識のうちに、脳に仕事をさせる、トレーニングの一つとなる。

他者の欠点は、必ず自分の中にもある

自分が持っている知識をこれみよがしに見せびらかそうとする人ほど、実は無能で無知である、ということに気づいている人は少なくない。

逆にいえば、無知の人が自分が有能であると信じ込むと怖い。こういう人が声を出すと、声が大きくなる。うるさくなる。押しが強くなる。

周囲は気を付けなければならない。声の大きさに気を取られ、正しくないことを押しつけられる危険が出始める。

能ある鷹《たか》は爪を隠す、ということわざがあるが、自ら知識を増やしていくと、それ

は知性や知恵となる一方、実は自分はいかに物事を知らないか、ということがどんどんはっきりと見えていくことになるのだ。

だから、たくさんの物事を知ろうとするようになる。読書をしたり、旅に出たり、人に会ったり、境界を越えようとする。そうすることで、世界にはいかに自分の心を捉えるものがたくさんあるのかに気づくことができる。

見えるものを増やしていくと、見えているもののそれぞれの意味を、深く刻んでいくことになる。これが、自分を深化させることになる。自分の内面世界を拡張していくことにつながる。

汚れた水が入ってきたとしても、浄化する機能を持てるようになる。内面世界を海のように大きくしていれば、簡単には汚されないようになる。

何かが起きて感情が乱されたとき、「これは自分の心が小さい証拠だ」と思えるようになっていく。

例えば、他者の欠点が気にならなくなる。私自身、他者の欠点は自分の中にあると思っている。苦しさ、つらさや悩みも含め、それは自分も抱えていることなのだ。他者に起きることは、必ず自分にも起き得ると私は思っている。

逆にいえば、だからこそ、自分にどんなことが降りかかってきても、自分の中では超然としていられる自信がある。他者に起き得ることが起きる覚悟を、常に持っているからである。

他者の欠点を笑ったり、非難したりする人がいる。それ自体、自らの感情をネガティブに持っていく行動である。**むしろ相手は、自分自身の中にあるかもしれない欠点に気づかせてくれた人だと感謝しなければいけない**。

そのことに気づければ、他者を笑ったり、非難したりするということが、いかに愚かで恐ろしいことであるかがわかる。他者を非難するときには、限りなく慎重にならざるを得ないということだ。なぜなら、自分もそうかもしれないのだから。

だから私は、他者の非難はしない。悪口も言わない。できないのだ。それは自分が美しい人間だから、などということではなく、非難の源泉となる欠点を必ず自分で持っていると思うからである。他人を非難することは、すなわち自分を非難することなのだ。相手を笑うことは、自分を笑うことだ。

何よりも、欠点に向き合うところから、始めなければいけない。

他者の欠点は自分の中にある。
他者の苦しさも、悩みも、つらさも、
すべて自分が抱えているものである。

感情を制御するには飴と鞭が必要である

感情が乱れるということが、いかに恐ろしいことか。改めて気づかせてもらえた、イギリスBBCのドキュメンタリーがあった。中国で死刑執行直前の人にインタビューする番組。どうして罪を犯してしまったのか、死刑囚に聞く。印象的だったのは、いかにも極悪人、という人はほとんどいなかったことだ。

三六五日のうち三六四日、二四時間のうち二三時間、理性的に過ごしたとしても、たった一時間の中で自分の感情を乱してしまったことが、その事態を招いた。感情が暴走することで人生そのものを破滅させてしまった、という人が少なくなかったのである。

しかし、自分の感情をコントロールすることは簡単なことではない。だからこそ、その方法論を自分の中で意識しておかなければいけない。

まず心がけることは、**自分の感情に自分自身が光を当て、深く理解しようとするこ**

と。今、自分の感情はどうなっているのかを知ることだ。満たされているのか、苦しんでいるのか、焦っているのか、悔しいと思っているのか……。可視化し、客観化するのである。状況を認識するのである。これは、書くなどの行為を通じて記録してもいい。

自分の感情がすばらしいときは何も問題がない。しかし、いい状態ではないと気づいたときには、その感情を真っ二つに分けるのだ。一つを善とし、一つを悪としてしまう。善は自分の理性、悪は自分の感情である。**自分の内面を理性と感情に分けて、役割を与える**。**理性を主人にし、感情を奴隷にする**。理性と感情の上下関係をしっかり定めるのだ。

例えれば、理性は車に近く、感情は馬に近い。車は限りなく自分のハンドルさばき通りに動く。自分の意思があるとすると、意思通りに理性を持っていくことができる。理性は意思が思う通り、神経が命令する通り、動いてくれるのだ。

一方で、馬はそうはいかない。放っておけば、野生化してしまう。暴走し、落馬させて乗る人を殺してしまうかもしれない。感情の暴走によって、人生が破滅に向かいかねないのだ。

馬を自分でしつけるには、時間をかけなければできない。馬はほかの動物に比べて、かなり頭がいい。自分が馬に対して存在を認めてあげ、愛情を持っていることを示すことも必要になる。飴《あめ》と鞭《むち》の両方を自分の中に持たないといけない。

感情は、これくらい扱うのが難しい。その難しさを、忘れてはならない。

人間の力量は当たり前のことをやる力量で測れる

日常生活において、感情を大きく揺さぶるものの一つが「比較」であることは間違いない。してはいけないと思っていても、ついつい揺さぶられてしまう。そういう人は少なくない。

学生や若いビジネスパーソンが資格取得に走るのは、その資格が自身の優位性を証明してくれるものだからだろう。自らの努力を証明することは難しいが、外面的な資格なり点数なり、というのは人に見せることができる。努力が報われたと実感することもできる。

しかし、そうした満足が許されるのは、二〇代までだと私は考える。結局のところ、誰かとの「比較」から抜け出せていないからだ。これでは、社会人として跳躍することは難しくなる。次元を上げていかなければいけないのだ。実際、資格や免許だけで会社の経営をしているという人がいるだろうか。

大事なことは、外面的な測定基準、判断基準ではなく、自分の中で内面的な判断基準を定めることだ。最終的には、自己評価の場をつくっていくしかない。なぜなら**「比較」的なものの考え方というのは、いつまでたっても誰かの人生の話だからである。**自分の人生、自分らしい人生を追い求めることにはならないのだ。

点数主義の受験体制の中で育つと、どこかに問題があって、それを解けばいい、という発想になってしまう。それは結局、誰かのつくった問題でしかない。「比較」のための問題なのだ。

これからの人生で問われるのは、自分自身で問題をつくることだ。自分自身で学校をつくり、カリキュラムをつくること。ゼロから考えることは、誰もが苦手だろう。しかし、苦手なのは才能がないからではない、ということに気づいておく必要がある。「あること」に対して、時間を使わなかったから苦手になるのだ。

愛せないのは、時間をかけていないからである。人生を組み立てたり、問題をつくったりするのが苦手なのは、それをやったことがないからだ。

人間の力量というのは、実は当たり前のことをやる力量だと私は考えている。物事の考え方、人との接し方、感情の制御の仕方、集中の仕方……。これはまさに、私が人々に今一番伝えたいことにほかならない。

当たり前を徹底的に追求した人にしか、辿《たど》り着けない境地がある。偉業を達成した人たちはみな、そこに達したのだと思うのだ。ただし、それまでには大変な努力が必要である。当たり前のことだからこそ、である。

そこを見ようとせずに、天性や才能のせいにする人は少なくない。しかし、それは自分の正当化に過ぎない。マジックはないのだ。やるべきことをやることでしか、偉業には辿り着けないのである。

もちろん、それは一日でできるようなことではない。だからこそ、毎日、意識すること、考えてみることだ。何が内面的な判断基準になるのか。何を自己評価とするのか。それを常に意識することで、できる力量が身に付く。

ビジネスパーソンとしてのスキルを高めていくことは大切だ。しかし、同時に人格も高めていかなければいけない。博識だが人格が未熟だというリーダーに、果たして人はついていくだろうか。外との比較でしか価値評価ができない人に憧れるだろうか。

知識と人格の両方がカバーされている人は非常に少ない。だからこそ、目指す意味がある。比較が正当化できるのは、昨日の自分と今日の自分との時系列的な比較だけであることを肝に銘じよう。

他人との比較で、自分を測ってはいけない。
これからの人生で問われるのは、
自分自身で問題をつくる力だ。

悩みは概念化することで手放せる

多くの場合、感情は具体的な事象によって揺さぶられる。では、どうして揺さぶられない人がいるのか。それは、具体的事象から、本質を読み取っていくからである。大学で教えていた時代、常に学生に求めていたことが一つある。それは、具体から抽象、特殊から概念を見出すことができる人間になることだ。つまり概念的な思考ができるということである。

物事を一段、抽象化し、概念度を一つ上げる。抽象度を一つ上げる。そうすると思考ができるようになる。大局的になれるのである。

ある特定の体験をしたとき、それが単なる体験として終わってしまう人もいる一方、そこから省察をし、自分の中で一つの概念を見出すことができる人間がいるのだ。

難しく聞こえてしまうかもしれないが、学問における理論というのは、具体的なケースが持っていない汎用性《はんようせい》を持っている。一般性があり、いろいろなことに応用ができるのだ。

このように概念化や理論化の有用性に気づく一方で、その不完全性や限界についても気づいておくことが必要だ。例えば、需要曲線《じゅようきょくせん》、供給曲線《きょうきゅうきょくせん》という言葉がある。需要が上がると値段が上がり、供給が上がると値段が下がる、という経済学の基礎中の基礎となる用語だが、実はすべてのケースでそうなるわけではない。基礎理論が外れるときもあるのだ。

例えば、東日本大震災で何が起きたか。宮城県のあるスーパーでは、物資が減り、人々がたくさん押し寄せた。こうなると価格は上がるはずなのだが、スーパーは値段を下げたのである。経済合理性から離れた出来事が起きたのだ。

また、値段が上がったから買いたい、という消費者も世の中にはいる。下がると買いたくない、という人もいるのだ。

こうしたケースの有効性も、もともとの汎用的な理論があってこそ、見出され、成立するのである。一つの理論を把握すると、いろんなケースに適用ができるのだ。

生み出してほしいのは、こうした汎用的な概念である。これは、あらゆる場面で、そうだ。一つの体験をしたとき、人間はどのような生き物なのか、という概念について仮説を立てていく。そうして、多くのケースに当てはまる概念的な理論を自分なりに考えていく。

こうした概念的な思考ができるようになると何が起こるか。例えば、自分が悩んでいるとき、その悩んでいることを概念的に考えることができるようになるのである。そのプロセスで、悩みは客観化されていくのだ。

そうすると、自分だけの悩みではないことに気づけたりする。なんだ、こんなことだったのか、ということがわかったりする。

本当に苦しいときは、人間は精一杯の状態になる。周囲がまるで見えなくなるのだ。するとと、他の人たちが苦しんでいることに気づけない。「ああ、ほかの人も悩んでいる」という、たった一つの気づきが、大きな救いになるのに、である。

そして悩みそのものを、概念化してしまうことだ。個別の事象の表面的で非本質的な要素をそぎ落とし、本質だけを引っ張り出す。概念的な思考は、こうした本質を見抜く思考でもある。

私自身は悩むことはあまりない。もし悩んだときには、自然に接することにしている。緑や風や空気を求める。パワースポットでなくたっていい。小さな公園、近所の神社でもいい。そうするだけで、ずいぶん癒《いや》される。

路傍の花や雑草も、いきいきとして見えてくる。降り注ぐ雨を見ているだけで、心が静まってくる。涼やかな風、川面《かわも》や海の波。自然に触れることで、何度、自分の心をリセットすることができたことか。

自然は、慰めの天才であり、さらに自分の精神的な次元を上げていく手助けをしてくれる。自然の力を借りるのだ。自然の中にいると、いつの間にか利己主義が消えていく。心の束縛が断ち切れる。人生につまずいたときは、すぐ立ち上がろうとせず、うつ伏せになって、大地の教えに耳を傾けるとよい。われわれは大地と一つの心を生きていることに気づき、母なる大地に感謝しながら日々を過ごすことを心がけたい。

人間の命は、死ぬまでの借り物に過ぎない

人生のいろいろな種を蒔《ま》き続けることの大切さを、いつも思う。理由は極めてシンプルである。人生は一度しかないからだ。

蒔いたいろいろな種に水をやり続けるのは大変である。必ずしも収穫ができるとは限らない。それでも種を蒔き続け、水をやり続けられるかどうか。

思えば二〇代になり、「一つ超えた」と思ったものが、二〇代中盤になると、「ああ、これもあったのか」と気づき、二〇代後半になると「なんだ、これもか」……。以降も、この連続だった。そのたびに、新しい種を蒔くことになった。

いろいろなものを決めつけ過ぎず、将来に対する種を蒔き続けることだ。そして同時に、**自分の前にある、自分の蒔いた種にも水をやる。**

こうした地道な作業が、もしかしたら人生なのかもしれない。種を蒔くことは夢が広がることだが、蒔いた種に対して水をやることは大変なことだ。でも、それをやれた人だけが、新しい人生に出会える。

最終的に花が咲いたり、実を結んだりすることはできないかもしれないという当たり前の事実があっても、種を蒔き続け、水をやり続けられるか。それが人生に大きな差をつくる。

読書をしたり、出会いを求めたり、新しいチャレンジをしたり、映画や舞台を見たり……。今は理想的な状況にあると思ったとしても、常に自分を成長させてくれる新たな学びの可能性を模索し続ける。目の前のことに懸命に取り組みながら、今は見えない未来への投資をやめない。ある意味、相反することができるかどうかが、未来を分けるのだ。

このとき、一つの考え方がある。**結局、自分の命や人生は、すべて借り物だと考えるのだ。借りたものを満喫しながら、最終的には返却しなければいけない。**

ギリシャ・ローマ時代にこんな話がある。自分の息子が若い頃に亡くなった。それを嘆き悲しむ親に対して、どんな助言ができるか。亡くなったことは悲しい。しかし、それも出会えたからこそ。生きている間に出会えたことを、感謝の気持ちにすることだ。

失った悲しみは、所有意識から生まれる。だからこそ、借り物だと考えるのだ。自分の命も、人生も。そんな開き直りを持った瞬間、心が変わる。

人間はいつか死ぬ、それまでの借り物なのだ、ということをきちんと捉えられれば、平静な、平穏な自分の内面状態を維持することができるようになる。日常のあらゆることが、超然と見られるようになる。

そして、人生はいつ終わるかわからないのだ。だから、その緊張感を持つことだ。いつまでも人生があるわけではない。人生の有限性や死の予測不可能性に気づけば、今を深く刻むことの重要性に気づける。

人生の充実は長さにあるのではない。深さにこそあるのだ。自分が深く感じることによって、自分の人生をより濃縮されたものにしていくことができる。

つまらないことにわずらわされることが、いかにもったいないことか。**感情がネガティブに揺さぶられることが、どのくらい貴重な人生の時間を毀損するか。**

目の前で会う人は、もしかしたら最後の出会いかもしれない。そんな気持ちを持って人に接することができるか。夫婦、家族、友人でも同じだ。命の大切さを知れば、なんとなく会い、なんとなく過ごしていくことの恐ろしさに気づける。

将来を描くことも大事だ。しかし、それ以上に大事にしなければならないのは、今この瞬間である。目の前にいる人であり、目の前にあるやるべきことである。このことに気づければ、人生に緊張感が走り、そして集中力が高まり、今を深く刻みながら生きることができるだろう。

第2章

解釈力

失敗に落ち込むことは失敗以上の失敗である

一度も失敗しないで生きていくことは難しい。不可能だろう。だからこそ、失敗との向き合い方は極めて重要になる。失敗したとき、その失敗から何を学び、次にどんな手を得ることができるか、という切り替えがいかにできるか。大切なことは、同じ失敗を重ねないことである。

それこそ最悪の状況は、失敗したことで落ち込んでしまうことだ。それは、その失敗よりも大きな失敗となる。

人生は、いかに軌道修正を図れるか、が問われていると私は考えている。私は、今この瞬間に何かが起きたとしても、三秒後に切り替えていく自信がある。

なぜか。私はそもそも、自分の人生はゼロからスタートしていると考えているからだ。裸から始まっている、ということに気づくことができれば、失うという感覚を持たずに済むようになる。

これまで恩恵を受けてきたものがなくなった。ただ、それだけのことである。

短期的な失敗は、そこから得た教訓を次に活《い》かし、それを長期的な成功の土台にすることができれば、失敗ではなくなる。

例えば、過去に自分が間違ったことをした、失敗をしたとする。それ自体はかなり痛いことであるのは消しようがないが、その**過去の記憶は自分の中で再構築することができる**。

再構築するというのは、起きたことを自分が歪曲《わいきょく》することではない。起きたことに対する意味の解釈というものを変えていくのだ。そうすることによって、過去は変えられる。つらい思い出は、感謝の思い出に変わったりする。

われわれの持っている過去は、記憶によって構築されたものに過ぎない。記憶の産物なのだ。その記憶に対する意味づけを再構築していくことで、過去自体を自分の中で変えていくことができる。

過去は不可抗力だといわれる。過去を再現することはできない。しかし、これは見方を変えれば、人間が限られた認知能力で、そのときの気まぐれな解釈能力で、過去の出来事を自分の中でつくり上げているだけ、ともいえる。

これは、われわれがメディアを見ているときも同じである。シリアで起きていることを、われわれ自身がすべて体験できるわけではない。実際に現地に行ったとしても、できることは限られる。ほんの一部なのだ。

メディアで伝わっていることというのは、すべてではないのである。ごく一部の、誰かのフレームから見た風景なのだ。その風景を見て、その全体の中での意味合いを、われわれは考えている。

つまり、メディアを信じ込んでしまうと、実態を見ているわけではないのに、あたかも実態を見ているように思ってしまう。

大事なことは、いろんな情報ソースに接してみることだ。いろいろな意見を聞いて、最終的には自分で判断をする。鵜呑《うの》みにはしないが、耳は傾ける。多面的な思考を心がけ、最後は自分の判断で物事を理解していくという姿勢が問われる。

実際、**解釈一つで同じ物事はまったく違って見える。**重要なことは解釈にある、ということを知っておかなければいけない。

人生は、いかに軌道修正を図れるか、が問われている。
過去の記憶の意味づけを変えれば、
つらい思い出を感謝の思い出に変えることができる。

明日のために、今日を犠牲にしない

結果というのは、いくつかのプロセスを経て辿《たど》り着くものだ、と考えている人がいる。しかし、それは違う。

人生においては、今日のこの瞬間が、実は結果なのだ。過程自体も結果であり、瞬間瞬間が結果なのである。したがって、明日のために計画している今も、時間は流れているのだということに気づかなければいけない。

計画している間に時間が止まるのであれば、ずっと計画をしていればいい。そして、計画を十分に練った上で、行動すればいい。

しかし、計画ばかりしていても、大事な時間はそこで流れているのだ。したがって、今日だけ我慢して「明日結果が出れば」「夢さえ実現できれば」という感覚は間違っている。**明日のために、今日を犠牲にしてはいけない。**

そうではなくて、夢見る明日に向かって、一歩ずつ踏み出している、今日の自分に満足を覚えなければいけない。

そうすることによって、満たされた気分になることができる。

私は自分が大切にする人には伝えるようにしてきた。何かのために、今現在は我慢してやっているという気分にならないようにしなければならない、と。すべての瞬間を楽しむのだ。

結果は誰よりも上に行ける。自分の山を登ることができる。そんなふうになるよう、すべての瞬間を楽しむ。

すべての瞬間を楽しむとは、言葉を換えれば、自分を大事にするということである。

自分の人生を大事にすることだ。一秒たりとも浪費しない、無駄にしないということ。

だからこそ、我慢している人、苦しんでいる人を見ると、私は心が痛む。我慢し、苦しむ必要など、まるでないのだ。苦しんでいる人は、自分を大事にできていない。

大切な人生の瞬間を使い切れていない。

必要なことは、自分の中で解釈を変えていくことだ。苦しむことは、損失なのだ、と。そう気づいた瞬間、もう苦しまなくて済むようになる。

意味づけさえ変えれば、解釈さえ変えれば、自分を変えることができるのである。

苦しみは変えられる。少し時間はかかるかもしれないけれど。もし本当に苦しくなったら、大切な仲間に告白したり、もしくは自然の癒《いや》しの力を借りよう。そうすることでも、苦しみの解釈を変えられる。

ネガティブな要素を徹底的に洗い出す

何かうまくいかないことがあったとき、環境のせいにする人がいる。これがなかった。あれがなかった。こんなものがあれば……。環境の理不尽さや気まぐれさを、つい口にしてしまう。不満にしてしまう。

しかし、肝心なことは、環境は自分でコントロールできないということだ。他者も同様である。**人をコントロールすることはできない。にもかかわらず、どうにかして折り合いをつけようとして、悪戦苦闘する人がいるのだ。**

実際には、折り合いをつけるのは、極めて簡単である。自分の心の中でつけてしまえばいいのだ。折り合いは自分の中で十分。そうすることで、外とは自然に折り合いがついていく。

そもそも、環境や他者と折り合いがつけられるなどと思ってはいけない。なぜかといえば、人間は本当の意味で他者のことがわかるはずがないからだ。もっといえば、自分自身のこともわからないものだからだ。

まず必要なことは、自分の中を深く精査することだ。自分の中で折り合いをつけていく。そうすると、割り切ることができる。もしそれで間違ったら、一歩戻って、気持ちを切り替えていけばいい。

環境に対してすべきことは、むしろ事前の対策である。ネガティブな結果をもたらす可能性が起き得る要素を、徹底的に洗い出しておくのだ。そしてそれを、事前にすべて除去しておく努力をする。

他者にとって五〇パーセントのリスクに見えるものも、自分の中では五パーセント以下に減らしていく。

もちろん完全にリスクをなくすことはできない。しかし、それを自分の中でわかっていればいい。どんなに頑張っても、五パーセントの失敗の可能性があるということを理解しておくのだ。

だからこそ、その五パーセントの失敗が現実化したとき、心の中で割り切れる。可能性をあらかじめ認識していたわけだから。そこで、切り替えていけるのである。

もとより人生は一発勝負ではない。失敗したとて、そこで人生が終わるわけではない。**過去を振り返ったとき、失敗が一番の学びだったことがわかっていれば、失敗は恐れるべきものではなくなる**。そのときはつらくても、耐え抜くことができる。


ところが、その準備ができておらず、弱い状態で環境に向き合うことになると、環境に左右されることになる。まずはリスクを知って、自分を強くしておくことだ。自分を強くしておけば、最終的には環境を自分自身が支配することができる。

支配するというのは、環境の解釈を、自分で自由自在に持っていくことができるということだ。環境はもちろん思い通りにできない。しかし、その環境が持っている意味や解釈を捉え直すことはできる。

その権限は自分の中にある。その権限を駆使すれば、環境は怖いものではなくなる。環境の見え方は、自分自身が変われば、変わっていくのである。

人生は一発勝負ではない。
失敗をしたとしても、人生が終わるわけではないのだ。

読んだものを鵜呑みにしてはいけない

こうして本を書いている立場でこんなことを書くと不思議がられるかもしれない。それは、書かれたことを読んで、理解できた気になってはいけない、ということである。鵜呑みにするな、ということだ。

私は自分がこだわった、正しいと思っていることを書いている。自分の中で深く思索を積み重ね、最終的に生まれてきたもの、自分のものである。

そしてもちろん、それがうまく伝わるよう最大限の努力をして書いているつもりである。

しかし、**書かれていることそのままを受け止め、理解することを、私は理解したとは言わない**。大事なことは、私が書いたことを、自分なりに解釈し、咀嚼《そしゃく》し、どう昇華させ、発展させることができるか。自分の言葉でアウトプットし、自分のものにすることなのだ。

私自身、本を読んだり人から話を聞いたりしたとき、そんなふうにできて初めて、学んだという気持ちになる。

そのままを受け入れ、理解したつもりになることは極めて危険だと思っている。

解釈とは、書かれたことや話されたことを、一〇〇パーセント理解するための手段というだけではない。**理解を踏まえた上で、自分の中でもう一つの石を積み重ねていくことなのだ。**

だから、思うことがある。**むしろ、話は少々わかりにくいほうがいいこともある、と。わかりやす過ぎないほうが、よかったりする。**そうすることで、受け手は考えるようになる。その過程で、自分なりの言葉や、もう一つの意志が自分の中で浮かび上がってくるのだ。

わかったような気になってはいけない。そこから一歩、踏み出してみることだ。自分なりに解釈し、自分なりの言葉に置き換え、少しでも上に向かう。そうやって人類は、進歩してきたのだ。

何かを発想したいときは、ペンで文字を書く

物事を解釈したり、省察したり、発想したりしたいとき、私はできるだけコンピュータを使わないことにしている。

タイピングのスピードがそれなりにあるため、キーボードで文字を打つとき、自分の思考のスピードと出力のスピードをほぼ同じにすることができる。つまり、考えていることを、ほぼそのまま書くことができるわけだが、そこに落とし穴がある。思索が入るすきがないのだ。

ペンで紙にメモを取るとき、自分で快感を覚えるのは、考えていることをメモしていくと、自分の思考のスピードに対して、出力のスピードが追いつかないことだ。このタイムラグの間に、どんどん次なるものが生まれていくのである。

実際、小さなメモカードを一枚書こうとして書き始めると、結果的にそれがきっかけとなって、どんどん思考が広がり、驚くほどの枚数になっていることがよくある。

一つの文章を書き終えるまでに、次なるものが一つ出てきて、それを書く間に二つ、三つと新たに浮かんできて、一〇も出てきたりすると、二〇枚、三〇枚のメモになることも珍しくない。

思い出せないときは、自分の記憶に対して尋問する

書いている最中に新しいアイデアが生まれ、それをメモしたいけれど、頭の中で記憶できる、と思っていたら、忘れてしまうことがある。

そういうときは、自分の記憶に対して圧力をかけることにしている。そうすることで、脳も活性化していく。

多くの人たちは普段の生活の中で何かを忘れてしまったとき、すぐにインターネットに接続してしまう。グーグルで検索してしまう。しかし、それは脳の機能を退化させると私は考えている。

忘れてしまったときは、自分の記憶に対して尋問するのだ。どうしてお前は思い出せないのか、と追及するのだ。

これが厳しければ厳しいほど、自分の記憶は「次に忘れたら、また痛いめに遭う」とばかりに反省し、出てきやすくなってくる。

記憶力を高めていくには、自分が忘れたことに対して、すぐに何かのソースに当たるのではなく、自分を責めることだ。そうすると、そのときは思い出さなくても、二、三時間後に、いきなり出てきたりする。これが、一か月後、なんてこともある。出てくるまでの間、脳はずっと、探し続けてくれているのだ。

無意識の中で考え続けた結果が直感である

記憶力は、不思議なものである。というのも、まるで自分が意識していなかったことが、脳の中に記憶されていることもあるからだ。また、意識していないことを、いきなり思い出すこともある。

インスピレーションがわいてくる、という言葉があるが、それは自分の意思でできるようなものではないと私は思う。何かのきっかけはあるかもしれないが、いきなり降ってくるような感覚があるのだ。

しかし、おそらく自分の頭の中ではずっと、無意識に考え続けていたのだと思う。**無意識の中で思考をずっと積み重ねてきた結果が、インスピレーション（直感）だと思うのだ。**思い続けた結果、何かが出てきた、ということである。

つまり、もしインスピレーションを求めたいなら、脳に指令を出しておくことだ。意識的に発信しておけば、脳は無意識の中で勝手に働いてくれる。

ときどき創作者たちが、こんなことを言うことがある。何か月もずっと考えていたのに答えが出なかったものが、ある日、突然、出てきたことがある、と。

しかし、それは突然ではないのだ。無意識のうちの積み重ねがあったことで、インスピレーションは降ってわいてきたのである。

脳に指令を出しておくだけで、
無意識のうちに、脳は勝手に仕事をしてくれる。

付加価値こそが自分の存在意義であると考えよ

大学で教鞭《きょうべん》をとっていた頃、ゼミで私がいつも義務づけていたのが、「全員プレゼン」である。私がテーマを出し、学生はそれについて自分なりの付加価値をプラスして考え、全員の前で発表するのだ。

彼らに問うていたのは、テーマについて理解し、それをわかりやすく伝えるだけでなく、その内容に自分自身がどのような価値を加えることができるか、ということだった。

例えば、欧州の金融危機について、「全員プレゼン」をする。しかし、われわれは経済のゼミではない。欧州の金融危機について分析することが目的ではない。

そこで、欧州金融危機と「××」というテーマ設定をする。それをまず、先着順にメーリングリストで投稿していく。ゼミ生は四〇人である。

そうすると、欧州金融危機という一つのテーマに、「××」が四〇個並ぶ。これを、一人三分でプレゼンテーションしてもらう。そうすることで、一つの事象に対して、四〇の多元的、多角的な思考ができ上がるのだ。

こうなると、例えばテレビで欧州金融危機について評論家が語っていても、視点の足りなさに気づける。欧州金融危機が、一つの角度からしか解釈されていないということがわかるのだ。

いろんな側面から見ることは、極めて重要なことだ。そして、**いろんな側面から見るとは、自分で付加価値をプラスする、ということである**。

ゼミではよく書評を書いてもらったが、ここでも本の内容は三分の一にとどめ、そのすばらしい考え方に対して自分自身はどう思っているかということを三分の一、そして誰かと議論する際に、どんなことを議論したいか、その著者にどんなことを期待したいか、自分ならどんなふうに追究したいか、といった未来の話を三分の一書きなさい、と伝えてきた。

何かのテーマに接したとき、自分なら、どんな付加価値をプラスできるか、いつも考えることだ。講演を聞くときも、読書をするときも、テレビを見るときも、ただ理解するのではなく、プラスアルファを常に考える。

私はドキュメンタリー番組を見るようなときにも、必ずメモ帳を手に見ていた。登場人物の語ることをメモする一方、自分の考えを書くようにしていた。

自分の存在意義は、自分の付加価値なのだ。聞いて終わるのではなく、聞いたことによって、何かを生み出すことが自分の存在意義なのである。

教えてもらったなら、自分が教えてあげるという感覚を持つ。謙虚にずっと教えてもらうということに徹するのではなく、相手から何かをいただいたら、自分が付加価値をプラスして返そうとする気持ちが必要なのだ。

これが、自分を高めるのである。

レシピをたくさん読んでも一流のシェフにはなれない

知識と知性は区別されなければならない。知識が多い人間になることは、それほど難しいことではない。大事なことは、知性のある人間になることだ。フランスの作家、フランソワーズ・サガンは、知性というものを持つ人は多元的に物事を考えることができる人だ、と言っている。

つまり、自分の立場だけではなく、いろんな側面から、立体的に、多元的に物事が見られるということだ。

前から見たときに見えるものと、後ろから見たときに見えるものが違うことがある。後ろに尻尾があるのに、前からだけ見ていたのでは見えない。動物の全体像を理解しようとしたときには、後ろも見ようとするのは、ごく普通の行動原理である。

現実は二次元の絵ではない。三次元の彫刻なのだ。したがって、現実を正確に把握するために多面的な視点は不可欠なのだ。

知識は知識でしかない。その**知識を理解し、知識をある目的に向けて組み立て、さらに新たな知識を生み出すのが、知性**だと私は考えている。目指してほしいのは、この知性を身に付けることである。そして**知性に体験が加わると、その知性は知恵へと昇華されていく**。

読書をしたり、講義を聞いたりして手に入るのは、知識である。知識が知性に変わり、知性が知恵に変わっていくためには、必ずその間に必要なものがある。

それが、自分の解釈なのだ。省察と呼んでもいい。これが伴わなければ、知性にはならない。

したがって、たくさん本を読んだり、そこから得たものを吸収したりしているのは、ただ知識を溜《た》めているのであって、それはまだ知性という形にはならないのである。

料理に例えると、知識は食材である。その食材を一つの料理に組み立てるためのレシピが知性といえる。しかし、食材とレシピだけで料理ができ上がることのないように、知識と知性が自動的に知恵になるわけではない。知恵は、知識という食材と、知性というレシピを実践に応用し、その実践がもたらす結果への省察をもって初めて手に入れることができるものである。知恵は体得された知性なのだ。

行動の伴わない思考は無力で、思考の伴わない行動は空虚であるように、自己の解釈を通じた思考を錬磨し、その思考を行動に移し、その結果への省察を心がけることが自己成長には必要なのだ。

第3章

感受力

人間は、裏では感情九割、理性一割で動く

人間関係がうまくいかない、という声がよく聞こえてくる。相談を受ければ私は、他者の感情に対する感受性を意識しているか、という問いかけをする。

まずは、自分の感情を客観的に冷静に見ることができていなければならない。そして、理性を介在させ、感情を制御する。

その上で**重要になるのが、相手の感情を理解しようとしているか、だ**。相手は客観的に冷静に自分の感情を見ているか。理性を介在させているか。感情を制御できているか。

先に理性と感情は分ける、と書いたが、相手も理性と感情が分けられているか、把握しなければならない。

実際には、これは極めて難しいことであるとわかる。とりわけ対立してしまうよう

な相手はだいたい、自分の感情を自分できちんと理解していない。

相手はほとんどの場合、自分の感情に対して客観化できていないのだ。制御もできていない。自分の感情を客観化したり制御したりする余裕が、そもそもないのである。自分の中で、理性が感情をコントロールするという主従関係をつくることができず、すべてが自分だと思っている。自分は理屈で合理的に考えて、行動しているのだと思い込んでいる。だから、自分の中で出てくる、いろいろな感情的な動きを、自分できちんと理解できない。

そういった人たちの感情まで深く理解できるかどうか。どんな状況にあっても、自分の感情をコントロールできるか。人間関係では、常にそれが問われる。

上司や先輩といった、権威を持っている人間は、いい人ぶりたがる傾向がある。表面的には、理性的な人ぶるのだ。しかし、もとより人間は感情的な動物である。どんなに威厳があっても、感情的な人間であることに変わりはない。

人間は、表では理性九割、感情一割で振る舞うように見えるが、裏では感情九割、理性一割で動くことも珍しくない。そのくらい、人間は実は感情的な生き物なのだ。その大前提を踏まえた上で人と接することが必要である。

理屈で納得させようとしてもうまくいかない

対人関係において大事にしなければいけないのは、自分の言葉をいかに論理的で理屈が通っていて、合理的なものにするか、ということだ。

しかし、その前に、自分が共感できているかどうか、この人と自分は感情的にベクトルが合っていると思えるかどうか、ベクトルが向き合って衝突しているのではないか、ということを自分の中でしっかり見極めなければいけない。

例えば、交渉する際、注意しなければならないことがある。**表面的には理屈通りに進んでいたとしても、頭で納得するだけでは交渉は成立しないのだ。**

自分で権力を持っている場合は、理屈を通せば、強引にでも自分の目指す方向に導くことができる。相手の感情がどうあれ、だ。しかし、それで思うようになったとしても、中長期的には、思わぬ逆効果を生むリスクが潜んでいる。

多くのケースでわれわれは、立場的に支配されることのほうが多い。子ども時代はそうだし、会社員になっても、ずっと上司がいる。だからこそ、支配する側に慣れていないことに気づいておく必要がある。

相手の感情的な内面の状態を、相手以上に深く理解しようという感受性を持つ必要があるのだ。頭だけで納得させようとしても、うまくいかないのである。

最悪の状況が起きたときの対処法を事前に考えておく

人から誹謗中傷《ひぼうちゅうしょう》されると、どんな偉人であっても感情を乱される。アメリカの思想家エマソンは『自己信頼』の中でこう書いている。どれほどの賢者であっても、強い人間であっても、ある人が悪意をもって誹謗中傷をして、それに何も考えない大衆が乗っかると感情を乱されてしまう、と。

人間はみな、弱い存在である。その意味では、誰の人生であろうと逆境だらけなの

自分の悩みは決して自分だけが抱えているのではない、と割り切ったほうがいい。したがって、だ。

もちろん自分の悩みと向き合わなければいけないという事実はあり、それを避ける必要もないが、悩みに打ち負かされてはならない。なぜなら、それは他者にも起き得るからだ。

そして、他者にも起き得るものは、自分にも起き得る。よって、普段から最悪の状況を想定しておくことも大事だ。最悪の状況を自分の中で想定することによって、それが起きたとき、自分の心の準備ができる。

また、苦しむことを防止するために、最悪の状況が起きたときの自分の対処法を、事前に考えておくことができる。

冷静さを保ち、考える余裕を持てるという意味では、徹底的にリアリストにならなければいけない。

自分の中で精一杯にならないようにすることだ。ゆとりを心がけるのだ。そうすることで、相手の感情の動きまで、感受性を持って理解できることにつながる。感情的に共感することができたとき、初めて相手を心から説得することができる。

ビジネスミーティングでも、上司との関係でも、取引先でも、相手が理性的に見えたとしても、いかに人間が感情に左右されているかということを自分で認識できていれば、感情的な配慮ができる。

感情的な配慮ができるからといって、交渉が成立するわけではないが、感情的な配慮ができないことによって、理屈がすべて通っているにもかかわらず、こじれるという、よくあるケースを回避することができる。とりわけ日本の場合はそうだ。

アメリカは、もともと相手に対する不信を持っている社会といえる。お互いが信頼しない社会なのだ。だから、法律が必要であり、契約は必ず文書化しなければいけない。日本に比べ、問題発生後の解決機能を持つ司法への依存度がはるかに大きいのもその証拠である。

しかし、日本の社会は基本的に信頼に基《もと》づいている社会であり、明示的な法律ではない暗黙的な規範や、以心伝心がベースになっている。自分が感じていることについては、相手も理解してくれているという前提で話を進めていく。
だから、理性の上ではどんなにうまくいったとしても、感情的にこじれてしまうことが出てくるのだ。総じて日本は、対人関係においては感情が占める比重が相対的に大きいものの、一方でその感情を表に明示的な形で表明することを美徳としないため、心で深く感じる力が求められるのだ。

逆にいえば、日本に比べれば、アメリカであれ、フランスであれ、相手の感情に気づきやすい。なぜなら、感情を表に出してしまうからである。深く観察しなくても、だいたいわかるのだ。

しかし、日本ではそうはいかない。相手の感情まで理解しようとする感受性が必要になる。そして、その力はオーラとして、雰囲気として相手に伝わるため、相手の中にはこちらに対する信頼が生まれていく。

人間はみな、弱い存在である。
その意味では、誰の人生であろうと、
逆境だらけなのだ。

絶対的な真実など、そもそもない

誰かと対峙《たいじ》するときに、本当の意味で自分が持つべき考え方の基軸は、それほど多くはない。具体的な技術が語られることもあるが、そのほとんどは、わずかな本質にまとめられるものである。揺るぎのないフレームを持っていれば、複雑なものもシンプルに見える。

概念レベルを高めて眺めてみると、物事の見方がより俯瞰的《ふかんてき》になる。立体的に見えてくる。テクニカルな話も重要だが、概念的に一歩、次元を高め、物事や状況を眺めてみる感覚を持つことは極めて重要である。

その考え方の基軸とは、どのようなものか。私の場合は、大きく二つである。一つが、人間は感情的な生き物である、ということ。それを前提とした行動を欠かしてはならないということだ。

そしてもう一つが、**絶対的な真実はそもそもない**、ということである。例えば、過去の歴史で何が起きたか。今、残されている歴史は極めて人為的なものであるということに気づいておかなければならない。歴史を無視してはならないが、むやみに信じこんでもいけないのだ。

現在においてもそうだが、**起きている事象は角度によって、まったく違った顔を見せる**。**歴史も同様であるはずだ**。実際に何が起きていたのか、本当のことは、その場にいなければわかりようがない。

もちろん、自ら資料を集め、情報収集をしたり、理解しようとしたりすることは大切なことだが、絶対的な真実はそもそもない、という前提でいなければいけないと思っている。

そうすることで、少なくとも相手の話を聞く耳が生まれる。そうでなければ、お互いに聞く耳は持つことができない。

真実により近づくためにも、自分の知識への謙虚さを持つとともに、対話が持つ価値を深く理解することが重要である。

沈黙を恐れるな、間を置いて話をせよ

若いときに犯しやすい過ちがある。相手が上司であれ、取引先であれ、あまり深く考えずにとっさに反応してしまうことだ。

ときどき若い人の会話を聞いていると、お互い極めて浅いコミュニケーションになっていると思えることがある。しゃべっている側も、聞いている側も、話を深く理解せずに、どんどんぶつけていくようなやりとりである。

友人関係ならそれでいいかもしれないが、上司や取引先となると、それでは信頼は獲得できない。

意識すべきは、相手が話した後に、いったん、間を置くことだ。私はあなたの話を深く消化するために考えていますよ、という姿勢を見せる。相手に対して、真摯な態度で臨んでいるという意識を示す。

相手の話に深く入り込もうという、物理的な時間を稼ぐことによって、自分が相手に返す内容も、そしてその言葉も精査することができる。言葉として組み立てる、時間的な余裕を手に入れることができるのだ。

間を置くことは、あらゆる場面で有効だと私は思っている。実は、自分に自信がなければ、間を置くことができないのだ。余裕と勇気がなければ、間は置けない。沈黙は、怖いものだからだ。

例えば、上司といるとき。例えば結婚して、配偶者の父親と二人で過ごすとき。沈黙は怖いだろう。しかし、間を置き、深く入り込もうという意識を持つことができれば、沈黙を自分が制御できる。相手の懐の深さ、人間的な大きさにも、気づくことができる。沈黙を恐れる必要はないのだ。

すぐ反応するのは、自分に自信がないという側面もあるし、深く相手に入り込めていない側面もある。だからこそ、ワンテンポの間を意識することだ。

会話のペースが速くなれば、自分でワンテンポを置いて遅らせる。また、自分が一番心地いい、さらには相手が一番心地のいいペースを自分でデザインできるよう、意識的に心がけることだ。

とっさに反応してはいけない。
沈黙を恐れる必要もない。
間を置くことは、あらゆる場面で有効である。

人生の決定を焦らない

ゆとりを持ち、テンポを遅らせる意識を持つことは、コミュニケーションに限らない。実は感情的な問題は、時間が解決してくれることが多い。

少し時間を置く。焦っていたり、興奮状態にあったりするときに、判断を下さない。一晩でも二晩でも置いておく。これは、友人や恋人、夫婦のケンカなどでも同じことだ。

二〇代後半から三〇代前半にかけては、人生の決定を焦らない、ということを私はよく申し上げている。

若い頃は、どうにも人生を急ごうとしてしまうものだ。残りが少ないと思ってしまっている。しかし、当然ながら年をとっていったときのほうが、残りの時間は少なくなっているのだ。ところが、かえってゆったりと考えられたりする。

自分に残された時間はたっぷりあるのである。**焦って下した決定というのは、必ず**

どこかで綻《ほころ》びが出てくるものだ。落とし穴が待っているのである。

とりわけ人生の進路に関しては、一度、変えたいという気持ちが自分の中で盛り上がってしまうと、それまでの仕事に気持ちが入らなくなるものだ。もう一日も出社したくない、などということになりかねない。

次の挑戦に一日でも早く行きたくなり、焦って「この道に行きます」などと宣言してしまったりする。

こういうとき、二、三日、間を置けるかどうか。これは、勇気のいることだ。**決断をすること以上に、決断を留保することには勇気が必要なのである。**

年をとっていけばいくほど、決断の大切さよりも、決断できるにもかかわらず、あえて意識的にワンテンポ遅らせ、判断を留保することが、いわゆる人生の知恵だということに気づけるようになっていく。

一歩、遅らせて考えてみることで、最終的に二歩、三歩と速く前進することにつながっていく。もし、焦る気持ちがあるときは、あえて普段よりテンポを遅らせようと、自分に言い聞かせてみることだ。間を置き、自分に余裕を持たせるのである。

なぜなら、**状況は変わっていくから。放っておいても、解決は進む。自分が手を付けなくてもよくなったりする。**

もちろん期限があり、相手もいるということは、しっかり念頭に置いておかなければいけないが、あまりに性急に判断してはいけない。

できれば五秒でも、一〇秒でも、一日でも、自分の決定を先延ばしできるくらい、余裕のある人間になることである。

人と対立することは無意味である

人とぶつかることはある。だからこそ、大事にしなければならないキーワードがある。張り合わないこと、吸収すること、包み込むくらいの感覚でいること。

人と対立することは、実はほとんどのケースで必要ない。無意味であるといってもいい。にもかかわらず、特に若い頃は、対立したがる。敵をつくりたがる。

そうした人間の共通点は、自分の中に不安があることである。自分の存在に対して不安があるから、敵をつくったり、対立軸をつくったり、物事を白黒に分けて、トレードオフをつくりたがるのだ。
そうすることによって、自分の立ち位置を理解することができると考える。だから、そういうことをやりたがる。**弱い人間ほど、敵が欲しくなる。敵は、存在の不安から生まれるのだ。**

逆に自分という存在に対して、自分自身で認めることができている人、自信がある人は違う。**自分を愛するという気持ちを持ったとき、人間は敵をつくらなくても済むようになる。**

自分がわかるのだ。それは、他者によって自分が規定されるわけではなく、自分が自分自身を知り、信じることにより、他者との関係性の中で自分の存在を規定しなくてよくなるのである。

日本の場合は、特に他者との関係性の中で自分を規定するケースが多い。例えば、自分の会社の名刺を取り上げられたとき、自分についてどれほど語れるか。そう聞かれたとき、日本では、意外なほどに語れない人が多い。これは日本に限らず、アジアの人に多い。

自分を紹介するとき、まずは勤めている会社の名刺を先に出し、どこどこの誰々です、ということを、所属感によって伝えているのだ。そこに自分が所属していることによって、自分が規定されている。

そうした思考回路を続けていくと、いつの間にか、名刺を渡さずに自分を紹介することができなくなっていく。

結果として悲劇が起こるのが、会社を辞めたときや定年したときである。名刺を失い、自分を規定するものの対象、つまり社会的地位を失ったとき、自分だけで自分自身を語らなければいけなくなる。

自分を、会社という文脈の中でしか活《い》かせていない人間が、会社という文脈が消えたとき、自分自身をつくり上げることは難しい。

大事なことは、自分につながる文脈を増やしていくことだ。会社以外で、自分の存在をつくっておくことである。自分の好きなものでもいい。自分の世界を増やしておくことが大事になる。名刺がなくても語れる自分をいかにつくれるか、というのは、そういうことだ。それらすべてを合わせて自分だと思えばいい。何か一つによって規定される自分にはしない、ということだ。

会社への忠誠心という言葉が語られることがあるが、自分以外には必要以上の忠誠心はいらない。会社と自分が運命共同体だと思って尽くす気持ちは大事だが、必要以上に会社に対して、自分の人生の指揮権を委ねたりはしないことだ。

いくら愛しても、会社はつぶれることがある。自分を裏切り、解雇することもある。そういうときでも自分は生きていけるか。自分自身の選択で、エグジット（出口）を自分自身で決断できるかどうかが問われる。

出口を自分で決められる人間ほど、強い。

目の前の地味な仕事をこなすことが成長の近道

会社や上司というものを、どう受け止めるか。転職がうまくいくか、いかないかは、実はそれが大きなポイントになってくると思っている。転職は、極めて慎重に行《おこな》ったほうがいい。

何より理想的な環境というのは、どこに行《い》っても準備はされていない。したがって大事なことは、自分の中で何らかの形で不満が残る環境の中でも最善を尽くせたかどうか、ということである。

もちろん、すばらしい環境を手に入れるために、準備をしていくことは大事なことだろう。しかし、**今の状況で本当に努力し尽くしたのかどうか**。今の会社で、成長の材料というものを、自分が味わい尽くしたのかどうか。

今の仕事に対して、自分なりに最高の喜びを見出《みいだ》すことができるか、ということを常に自問しながら仕事をしてきたかどうか。

それを自分にきちんと問えている人こそ、いい転職につなげられる。

もし、今の会社で自分なりの力をきちんと発揮していれば、会社から引き留められるはずである。行かないで、と言われるところまで、仕事に全力を尽くしたかどうか。会社に貢献しようという思いで取り組んだかどうか。それができていないとしたら、環境を変えても、また同じことが起きるだけだ。

大事なことは、目の前にある完璧ではない環境の中で、自分がどのような意味を見出せるか、ということである。仮に不本意な仕事を振られたとしても、意味を見出せる自分になっているか、ルーチンワーク的な仕事の中からも、新しい自分につながる学びを見出しているかどうか。それができていたなら、転職してもバージョンアップした自分をつくれる。

成長する上で一番、確実な道は、実は環境にあるわけではない。目の前の地味なことをこなしていくことで、自分を成長させていくという意思を持てるかどうかだ。実はこれこそが、成長を導き、自分の目的地に辿《たど》り着く、一番の近道である。

遠くの目標を見るのはかまわない。しかし、まずやるべきは、目の前にあるものの中から意味を見出す努力である。ここで自分が最善を尽くすことが問われる。そうすることで初めて、すがすがしい気持ちで次の挑戦に行くことができる。

逃げる形で会社を去ってはいけない。今ある状況の中で、学びや成長の材料をすべて吸い取ることだ。ここではもはや成長する余地はないという確信が持てて初めて、次に行くということを心がけるのである。

現在の状況で、本当にあらゆる努力を
払い尽くしたのかどうか、胸に手を当てて考えよ。

理不尽なことを学びに変えていく

転職の原因を外部に求めると、次々に出てくる。そうではなく、内部に求めることだ。問題の捉え方を変えれば、理不尽なことですら、学びになることに気づける。実際、厳しい先生ほど、自分の中で、その教えが残ったと語る人は多い。後で生きてくるからだ。

仮に上司が自分をいじめていると思えるほどの厳しさも、最終的にはその上司に感謝することになる。その人を見て、いろいろ学べることがあるからだ。こういう人になりたくない、ということでもいい。また次に似たような人に会ったときには、そうした関係にならないために、事前に手を打つこともできるだろう。

敵の中から自分が学べる材料を探してきたときに、その敵は感謝の対象に変わっていく。それを延々と繰り返していく人生はたしかにつらいが、今の段階で付き合わなければいけない人であれば、その人を憎しみの対象ではなく、感謝の対象に変えていくしかないのである。

もっといえば、もし上司が権威を振り回したい人であれば、振り回されたふりをして権威に乗ってあげればいい。そうすることで、自分は大きくなっていく。

自分の中で力を溜《た》めることで、そうした人たちは小さくなる。相手に与えずに、自分に力を溜めることで、自分の力は大きくなっていく。

相手のペースに乗ってあげるくらいの気持ちであれば、状況は変わる。そうした人の存在は、どんどん小さくなっていく。かわいそうな人だとわかる。

余裕が大事なのだ。余裕を持たなければ、人生は楽しめなくなる。生活の中で、精一杯にならないよう気をつける。一〇〇パーセントではなく、七割くらいの力で過ごす。そして同時に、自分のキャパシティを大きくしていく。自分の器を、思考力や感受力も大きくしていく。そうすることで、余裕はさらに大きくなっていくのである。

第4章

対話力

できるだけ自分からしゃべらない

対話というと、まず思い浮かべるのは、「どう話すか」ということだと考える人がいる。しかし、**実は重要なことは話すことではない**。**聞くことだ**。実際、私が心がけているのは、あまり自分からしゃべらないことである。

しゃべることとは実は難しい。相手が聞く耳を持たないとき、自分を語ることは効果的ではない。それは、単なる自慢話になりかねない。しゃべることは危険であり、不利なことでもあるのだ。時には、失礼になってしまうこともある。

だから、聞かれる前には、できるだけ言わないようにする。自分に対するアテンション（注目）が相手の中に生まれるまで、自分を見せびらかすことはしないように心がけるのだ。

では、どうするのかというと、質問するのである。とりわけ相手が自分よりも目上であったり、優れた人であったりすれば、挨拶をしたくらいでアテンションを獲得するのは難しい。だから、素直に、そして深く聞く。

私がよくするのは、こんな質問である。

「二五歳のときは、××についてどんなふうに考えていましたか」

自分と同年代の時代にどうしていたかを聞くのだ。問いかけて、返ってきた言葉にまた質問で返す。質問を繰り返しているうちに、相手は意識をこちらに向けてくれるものだ。


なぜなら、**質問されることは、基本的に心地いいことだからである。**自分に関心を持ってくれている、ということが心地いいだけではない。質問をされることで、自分の中で気づきが生まれ、考え方が整理されていくのだ。

とりわけ若い人は、自分の内面と向き合う機会が少ない。また、それは難しい。若い頃は、特に自分が未熟であるということがわかっているだけに、そういう未熟な自分と向き合おうとしない。怖くなるのだ。そこで、見て見ぬふりをして、自分の内面と付き合っていたりする。

これは三〇歳になっても、四〇歳になっても、意外に変わらない。意識をしなければ、五〇歳になっても、六〇歳になっても変わらないかもしれない。

したがって、**人間は自分自身のことをよくわかっていないのだ。自分自身を理解しているとは、限らないのである。**

そこに質問が投げかけられる。いってみれば、自分の見えない部分が客観化されていく。実際、カウンセラーというのは、これをやっているのである。誰かの相談を聞いてあげるというのは、その人を客観化することでもあるのだ。

例えば、悩みを一人で抱えてしまうと、悩みに呑《の》み込まれてしまう恐れがある。理性と感情に分けられない場合は、なおさらである。苦しみや不安、焦りが、自分を飲み込んでしまうのだ。何日たっても、何年たっても、トラウマとして自分で自分をいじめてしまうこともある。

そんなときに、カウンセラーなり、親友なりがいて、「何を苦しんでいるか、聞いてあげる」と来ると、自分の中でもやもやしていたものが、言葉として出せる。言葉になったことで自分の耳に客観化される。**口に出した瞬間、自分は何に悩んでいるのかが、わかるときがある。**これは書くことでも同様で、文字を見た瞬間、自分の心の中の状態がわかることがある。話したり、書いたりすることは、自分を客観化する一つの方法なのだ。

人間が悩んでいるとき、問題が何かが明確にわかっていて、それについて苦しんでいるケースは、意外と少ないのではないか。本当に苦しいのは、何によって自分が悩んでいるのかが、よくわからないときだ。これはつらい。問題がわからないために、解決ができないからである。

アインシュタインの言葉にこんなものがある。これまで人類が解いていない未知なる問題に直面したとき、九五パーセントの時間とエネルギーを問題の定義に使い、残り五パーセントでその問題を解いてみせる、と。問題の本質は何なのか、ということに対して、問題を規定することが実は難しいのだ。問題の定義さえ明確になれば、問題解決はそれほど難しくないのだ。

これは、普通の人の悩みも同じだと思う。自分が何に悩んでいるのか、わからないときに、それを解決することはできない。

そういうときは、相手の話を丁寧に聞いてあげることだ。聞くことで、相手を喜ばせることができるのだという意識を持つだけで、行動は変わってくる。そしてそれだけで、相手は癒《いや》されるのである。

重要なことは話すことではない。
聞くことだ。
しゃべることは危険であり、不利なことでもあるのだ。

相手の話を遮らない、知ったかぶりはしない

もし対話が男女間であれば、男性は二割話して、八割聞く、くらいでもいいと思う。できるだけ相手に主役を譲る気持ちを持つ。聞き上手はモテるとよくいわれる。深く聞ける人は、うまく語れる人よりも少ないからである。

そして受動的に相手の話を聞くだけではなく、深く聞くことが重要だ。いわゆる、傾聴するということだ。どうすればいいのかというと、**全身で聞くのである。相手を感じるのだ**。聞くというより、感じるのである。

言葉を聞きながら、目線で相手を感じる。見るということを含めて、相手を深く飲み込み、吸収する。包み込むという感覚で相手のことを理解しようとする。その姿勢、そのオーラが、本当の意味で相手と自分との間での信頼関係を築き上げることになる。

特に出会った初期の頃は、聞くことに徹する。返すときも、聞いたことを自分の中でどう捉えたか、ということを相手にしっかり伝えながら、プラスアルファの意見を

言ったり、相手に追加の質問をしたりする。

相手が言葉で表現し切れない部分まで聞こうとする。心の声を聞くことを心がける。相手が認識すらしていない心の中の状況を読み取ろうとする。そこまで心がける。

深く聞くと、相手に対する深い理解が生まれる。そして、相手との間に厚い信頼関係が生まれる。**聞くことは観察すること**。**語ることは観察されること**。相手の話を深く聞くことは、リスクヘッジにもなるのだ。

そして聞く時間を増やすことで、聞いたことに対して相手に返すとき、返すための思索を深め、それを言葉にする時間を得ることができる。

私が心がけているのは、極力、相手の話を遮らないことである。口をはさまない。相づちも意識して打つ。頻繁に打ち過ぎる人がいるが、できるだけポイント、ポイントを押さえて打つ。必要以上に同調することはない。それでは、逆効果を生みかねない。自分自身の同調の希少性を失ってしまうと、信頼感が損なわれる。

また、何もかも自分自身に関連づけることはやめる。**自分の場合はこうだったとか、共通の知人がいるとか、アピールをしない**。そういう誘惑が生まれてきたときには、誘惑に打ち克《か》たなければいけない。自分に関連づけず、自分を抑える。相手の話が終わるまで、聞くことに徹するのである。

そして、知ったかぶりをしない。知らない言葉が出てきたときには、それは何か、きちんと尋ねる。ただし、話の流れを断ち切ってしまうようなときには、知らないことでも知ったふりで聞いていい。それは、間接的な同意だ。頷《うなず》くことによって、相手がそれを説明してくれることもある。

会話においては、相手が輝くための舞台を自分自身が演出するという心構えを持っておくことが大切だ。**相手が特別であって、その特別な相手を最高に演出するために自分に何ができるか、という意識を持つ**。いわば、相手のスポットライトになるのだ。

相手の得意なテーマに話を持っていき、主役を譲りながら、質問していく。相手が得意なことを語ってくれると、自分自身は学びの材料がたくさん生まれてくるので、いろんな意味で得をする。

したがって、できるだけ相手に主役を譲ることだ。相手のペースに乗ってあげる。それは、相手が権威主義の場合も同様である。相手と張り合おうとせず、相手のペースに乗ってあげるくらいの気持ちの余裕を持つことが大切である。

聞くことは観察すること。
語ることは観察されること。

どうでもいいことは言わない

そして、深くは聞くが、鵜呑《うの》みにはしない。人の意見というのは、味わうものである。深く味わうことは大切だが、鵜呑みにする必要は必ずしもない。

聞くことが大事、とはいっても、聞きっぱなしでもいけない。適度にうまく合いの手がはさめるかどうか。適切な質問を繰り出せるか。そのバランスをいかに取れるかが、会話の達人になるための一つの条件になる。

聞くときは、話を三つのポイントに構造化するといい。思索をするときも、メモをするときも、自分が人に何かを語るときも、人の話を聞くときも、三つのポイントを意識する。聞きながら、三つのポイントを自分で見出《みいだ》してあげるのもいい。

例えば、**私が語るときは、椅子を差し出し、相手に座ってもらえるような感覚で語る**。どういうことかというと、椅子には最低三つの脚が必要なように、自分の話の内容を一つの椅子だとすれば、三つのポイントを提示することで相手はその椅子に気持ちよく座ることができる。相手の話を聞くときも同じである。例えば、私がシンポジウムのモデレーター（司会者）を務めるときは、パネリストの話を聞いて、その方が言いたかったことを、三つのポイントに整理してあげる。その人の椅子をつくってあげることである。その方の話がまとまりのないときも同様だ。そうすると、相手から感謝されることがある。「自分はまとまりのない話をしたが、本当に言いたかったのは、キム先生が整理してくださった通りです」と。

要するに、心がけるべきことは、相手以上に相手の考えを理解し、相手以上に相手が語りたかった言葉を理解しようとする姿勢である。

聞くとき、そしてこちらからしゃべるときには、できるだけ短く、話す速度は相手よりワンテンポ遅らせることを意識する。**話す量を意識的に少し減らすことで、結果的に自分自身が語る一つひとつの重みが変わってくる**。語る側にとっても聞く側にとっても、言葉の希少性が高まるのだ。

見せびらかすような言い方はせず、本当に伝えたいという気持ちを持って、自分の持つ知性や知恵がにじみ出るよう、気持ちを伝えていく。

どうでもいいことは言わない。できるだけ本題と関係のないことは言わない。

深く聞くが、鵜呑みにはしない。
人の意見というものは、味わうものである。

言いたいことをワンフレーズで表現する

アリストテレスは、こんな言葉を残している。真に知性のある人の証《あかし》は、複雑な現象をシンプルな命題に落とすことができる人である、と。

世の中の現象は複雑で、すべて記述しようとすると、本が何万ページあっても足りないものだが、それをワンフレーズに落とすことができるかどうか。本質を見極めることができるかどうか。その訓練をするといい。

一時間のテレビ番組を見たとき、一時間の授業を聞いたとき、自分自身がその中で得た洞察をワンフレーズで落とせるか。そこから派生して詳しく語れるか。一〇秒バージョン、一〇分バージョン、一時間バージョンを自分の中で心がける。

三〇〇ページを一ページに要約するときは、二九九ページ分を捨てる覚悟がなければいけない。濃度高く、凝縮していかなければいけない。いらないものを削っていくと、最終的に残るのは一ページであり、ワンフレーズになる。

そんなふうにワンフレーズに落とし込む練習をしていくと、物事を本質的に理解する、考える習慣が付く。

私はいつも小さなメモカードを持ち歩いている。何か気づいたことがあれば、ワンフレーズに落としたり、絵にしたりする。これを常に意識すると、二時間の会議も、実は一〇分あれば十分だと思えることもある。

誰かに会って話を聞いたときも、ポイントをメモする。感じたことや学んだことを書いていく。

私には、「一五分ルール」というのがあって、誰かと会って話を聞いた直後は喫茶店に入り、一五分間、その人から学んだものをメモカードに書き留めるようにしている。「鉄は熱いうちに打て」の精神で、その人から語られたことやそれに対して自分が感じたことなどを、ワンフレーズに落として書き込んでいく。そうすると、思索がどんどん膨らんで、その会話と直接的には関係のないことまで思索が派生していくことも少なくない。

テレビ番組でも、読書でも、自分が時間やエネルギーを配分したあらゆる体験に対して、思索を加え、自分の言葉に落としていく。**体験に思索を加えると、洞察になっていく。その洞察を書き残していくと、それがいずれ自分の哲学の素材になっていく。**そして、自分で解釈した表現が、自分の頭の中に記憶として刻まれていく。

ワンフレーズで書くから、余白ができる。余白は、思索のための空間だと思えばいい。いろいろ書かれていくと、その分、解釈の余地が削られてしまう。私はスライドも一枚ワンフレーズで書く。

アウトプットの練習をしておくことは、インプットにも大きく影響する。思索を言葉に落としていく作業の中で、自分の理解は深まっていくからだ。インプットのみならず、アウトプットを同時にするという感覚で日常を過ごすことが大事である。

三〇〇ページを一ページに要約する。
そして、一ページをワンフレーズに凝縮する。
これが、物事を本質的に理解する練習となる。

無知を装うくらいが、ちょうどいい

少し頭がいい人は、難しいことを難しく説明する。しかし、本当に頭のいい人は、どんなに難しいことであっても、その本質はシンプルであることを知っている。だから、中学生でもわかるような言葉を使って、物事の本質を説明することができる。

普段から使う言葉には気を付けたほうがいい。相手を意識した上で、相手が知らない言葉は使わない。難解な言葉ではなく、日常的な言葉を使うことだ。そして、言葉が持つ意味について、自分自身で定義できるようにしておく。

辞書的な意味で言っているのではない。辞書に書いてある定義は、日常生活におけるすべての文脈を想定したものではない。

複雑な状況を自分で深く認識した上で、その状況や文脈に合わせて自分が使う言葉を選ぶのだ。時に、自分が使う言葉が誤解される余地があると事前に察知したときには、誤解されないよう少し説明を入れる。

自分が使う言葉を常に大事にする。そうすれば、自然に言葉を語る速度は遅くなる。少しテンポを緩めるようになる。目指すは、二倍深いことを、二倍わかりやすく、そして二倍短く話すことだ。


頭がいいふりをするのは、大きな損失であることを知っておいたほうがいい。相手の語っていることについて知識を持っていたとしても、無知を装うくらいが、ちょうどいいと思う。


無知を装うことで、相手は丁寧に語りかけてくれる。結果的に、より理解が深まる。それはどういうことなのですか、と相手にどんどん聞き返す。すると、相手は説明をしてくれる。

そのときに、自分の理解を超えた新しい視点が一〇のうち一でも混ざっていれば、大きな学びの機会を失わずに済む。

知ったかぶりをするのは、貴重な学ぶ機会を失うことでもある。

議論するに値しない人とはぶつからない

言葉を語るときは、無責任に論評しない、批評しないに限る。自分が本当に責任を持って行動ができない問題に対しては、意見を述べることも極力すべきではない、と私は考える。

会社の批判しかり、国の批判しかり、いろいろなことが無責任に言えてしまうが、では、それに対して自分自身が何をできるというのか。一社員として、一消費者として、一国民として、いったい何をなし得ると言えるのか。このように自分に厳しく問うたとき、簡単に論評などできなくなる。

もちろん自分の意見を言うことが大事な場面はある。だが、自分では行動できない、責任が取れない問題についての無責任な論評は、分別のある人間から見れば、自分の評価を下げるだけだということを知っておいたほうがいい。

議論をすることは大事だが、議論をする相手は慎重に選ぶことが大切だ。ゲーテの言葉の中に、こんなものがある。無知の人と争えば、賢者も無知に沈んでしまう、と。無知な人がしたり顔で議論しているときにも、平然といられることが賢者の姿勢であり、それが威厳をつくる。時には、じっとされるがままにしているということだ。それは、ある意味では勇気であり、強さの証明でもある。誰かに批判されたり、非難されたりしたとき、それに対してどんと構えて何も言葉を交わさずに、それを受け止めることができるかどうか。そして、**揺るがない自分を保つことができるかどうか**。議論するに値しない人とは、無駄な論争を避けることだ。

実際には、論争が必要なケースというのは、ほとんどない。本当に心が通じ合う人との間では、論争というものはまず起きない。常に建設的に話を持っていくことができるからだ。

相手が自分のことを信頼し、自分が相手のことを信頼していれば、たとえ論争と同じような会話が交わされたとしても、外からは論争という形には見えない。なぜなら争う形にならないからである。

無知な人との討論は、相手に本質を理解する能力が欠けているがために、自分の意見が誤解されてしまうこともある。真意が伝わらないのだ。例えば、別の意味で捉えられてしまったり、劣等感を持たれてしまったりする。そうなると、意味のある議論をするのは難しい。逃げ道を探し回ることもあれば、精神と思考の崇高なやりとりを肉体的な闘いに持っていこうとするケースも時にはある。自分を大切に思ってくれる人は、説明しなくてもわかってくれる。一方、自分を大切に思わない人は、説明してもわからない、わかろうとしないものだ。したがって、自分の信念を貫いたのであれば、周囲の視線は気にする必要がなく、わかってもらおうと一々説明する必要もないのだ。

特に若い頃は、対話や議論をする相手はよく選んだほうがいい。議論するに値しない人とはぶつからない。相手の話を受け止めるにとどめることが肝要である。

あえて語らないことも対話力の一つである

対話力のポイントとは結局、当事者意識を持つ、主体意識を持つ、ということだと私は考えている。

自分を脇役にしない。常に自分は主人公でいる。だからこそ、相手を意識したコミュニケーションができるのだ。聞き役に徹して、自分の学びができるということに敏感になれる。無責任な論評や批判はせずに済むようになる。

また、自分が主人公だと認識しているからこそ、意識してあえて脇役になってあげる、ということができる。出しゃばらずに済むのだ。余裕を持って、脇役になればいいのである。

それこそ、**語りたいことはたくさんあるけれど、あえて語らない**、ということがあっていい。意識的な選択として、沈黙を守るというのは、ある種の美学でもある。

押しつけられ、意見がなくて、考えざるを得ないような状況で、結果的に沈黙になっているのではないのだ。堂々と言えるけれど、黙っているのである。

実際には、そういう人には意見が求められることが多い。こちらから無理に出しゃばらなくても、意見を聞かれることになるのだ。

こちらからとりとめもなく話すのと、意見を求められて話すのとでは、受け止めてもらえる環境はまるで違う。どちらが自分の意見を言うのに適しているかは、言うまでもない。

実際、そういう態度を貫いていたら、例えば、周囲の人、とりわけ上司が警戒してくることもあろう。そうすると、押しつけがましい安易な接触はしなくなってくる。明らかに権威を振りかざすような行動はしなくなる。こいつはちょっと違うぞ、と見抜かれ、おかしなことを言うと上司としての自分の評価が下がるかもしれない、と考える。

また、この人に敵の味方をされるとやっかいだ。自分の負けにつながる。危うい状況に陥《おちい》りかねない。自分の味方になんとか付いてもらおう……。そう考えるようになるのだ。

部下として笑顔でかわいく振る舞うのも、もちろん、上司にかわいがられる一つの方法ではある。だが、上司が部下である自分の意見にリスペクトを持って耳を傾けるようにするためには、どんな状況でも自分の意見を持つことを大前提とすることだ。あとは状況に応じてそれを発するか発しないか。そうやって主体的に選択できる状況をつくり出すことが大事である。そのくらいの余裕が欲しい。

善悪は、強さがないと貫くことが極めて難しいものだ。心が善であっても、それを守り抜く強さがないために、結果的に悪に加担してしまうこともあるということを忘れないようにしよう。だから、**ただのいい人になってはいけない**。上司や同僚が適度な緊張感を持って接してくれるような関係性を構築するのだ。それは、自立した社会人として、絶対不可侵の自己を確立する上でとても大事なことだと思う。

第5章

人脈力

期待された以上のものを相手に与える

漠とした感情を理性と感情に分け、理性をもって制御することを試みる。これは、対人関係を円滑にする上でも重要なことだ。

慣れないうちは、自分自身で精一杯になってしまうものだ。目指したいのは、先にも書いたように、自分自身を理解しようとするだけでなく、目の前にいる相手の感情をも理解することだ。

相手はどんな感情の状態にあるのか。それを理性と感情に分けたら、どのようなものになるのか。相手自身が認識していなくても、相手以上に相手が置かれている状況や相手の感情を理解しようとすることによって、最終的に相手を制御することが可能となる。

制御するというのは、強引にコントロールするということではない。自分が目指す目的地に相手を導くようなイメージである。

そんな意識を持って接することができれば、相手からの自分に対する認識は間違いなく変わっていく。

もとより対人関係においては、与えることに徹する意識を持つことだ。与えることに喜びを感じるということこそ、大切にしなければならない。

与えることに徹すると、その間接的な効果として、周囲に自分と同様の「与えている人たち」が集まってくる。つまり、与える意識を持っていると、与えられるコミュニティに入ることができる可能性が高くなるのである。

与えることは、自分が与えたいという善意なる気持ちが自分の中で生まれたということである。感謝しなければならないのは、そうした善良なる気持ちを抱かせてくれた相手に対して、である。そもそも、与えるということは、感謝に対して返すことなのだ。

ところが、与えた瞬間、与えた分だけ、またそれ以上の見返りが欲しいと考える人がいる。それによって、感情が乱れてしまう。

誰かに何かを与えたその瞬間、取り引きは完結していると考えなければならない。

そう考えると、将来、相手が自分の与えたものを返してくれなくても、自分の感情が乱れることはない。

与える時点で取り引きを完結させる。それは、自分の感情の乱れを予防することになる。自分の平静なる心を自分が保つための一つの方法である。そういう意味では、自分の喜びとして還元できない場合は、与えない判断を下すべきである。

他者のために与えられる人間になる。**自分自身がパワースポットであり、パワーストーンになる**。それが、ポジティブなエネルギーを生む。

そして、感動を与えられる人間になる。感動は、相手の期待を超えたときに生まれるものである。そのためには、まず相手のニーズや期待を理解していなければいけない。その期待を超える価値を相手に与えるにはどうすればいいかを常に考え、実践していく努力が必要である。

自分が期待した以上のものが返ってきたとき、人は感動する。それはビジネスでも、友人関係でも、家族関係でも、同様である。

感動は、相手の期待を超えたときに
生まれるものである。

心のきれいな人は、汚れたエネルギーに敏感である

ネガティブな人には、誰しも近寄りたくない。しかし、外の世界にはネガティブなものが溢《あふ》れている。だからこそ、それらが自分の内側に入ってきたとしても、内面における省察によって浄化して自分からはポジティブなものしか出さない、と意識するのだ。目指すは、ポジティブ・オーラの起点となり、ネガティブ・オーラの終点になる自分をつくり上げることだ。

まずは、呼吸を変える。世の中にある、すべての祝福を自分がすべて吸い取るような気持ちで息を吸い込むのだ。いただいたものに対して、感謝の気持ちを持つ。そして、愛情と感謝の気持ちを持って息を吐いていく。そんな瞬間を、自分の中で心がけていけば、心の中がきれいになっていく。

そして、きれいな心を持った人と接する人は、自然に心の中がきれいになるはずだ。

ポジティブなエネルギーもネガティブなエネルギーも、その伝染力は非常に強い。自分の周囲にポジティブなエネルギーを発している人は、自分もポジティブなエネルギーを吸い取っていくので、どんどんポジティブになる。

人脈という言葉から、他者との付き合いのうまさがイメージされがちだが、実は人脈とは、自分自身の話なのである。自分自身が、まずはポジティブなエネルギーを発する。そして自分自身の心をきれいにしていくことによって、人脈は変わっていくのだ。そういう人に近づきたいという人が、現れ始めるのである。

心がきれいな人は、ネガティブエネルギーに対して、極めて敏感である。きれいで、透き通って、透明感のある人は、汚れに極めてセンシティブだ。それこそ、出会った瞬間に気づけてしまうほどである。

心がきれいな人から避けられないようにするためにも、自分の心をきれいにしておくことを心がけることだ。それが、最終的にすばらしい人脈につながる。また、それを長く維持し、持続させていくことにつながっていく。

参加するコミュニティは厳選する

人脈づくりのためには異業種交流会に行ったほうがいいか、と問われることがある。

自分が行く集まりは厳選したほうがいい、というのが私の考えだ。

なぜなら、集まる人たちのエネルギーに、自分自身も大きく影響されるからだ。また、われわれ人間は、自分のまわりにどういう人間がいるかによって、その人自身が判断されている。しかも、今やその関係性は、ソーシャルメディア（SNS）において可視化されてしまう。昔は、その人の周辺にどんな人がいるのかは、仲良くならなければわからなかった。だが、今は違う。

それを考えれば、フェイスブック一つとってみても、仲間にどういった形でコミットしているか、第三者に見えてしまう。自分の周囲の人間は、自分の鏡だと考えれば、安易にフェイスブック上の友達を増やしていくことの危険性にも気づける。

自分が参加するコミュニティは注意深く見極めなければならない。

なぜなら、世の中には一見、ポジティブに見えるネガティブなエネルギーも循環していて、たまに引き寄せられてしまうこともあるからだ。知らず知らずのうちにそこに自分が入ってしまい、ネガティブなエネルギーに慣れてしまうのは、非常に怖い。

参加するコミュニティは厳選したほうがいい。いや、するべきなのだ。

居心地がよくないとか、肌が合わないような気がする場合は、そのコミュニティから即座に離れたほうがいい。ネガティブなエネルギーを感じている証拠なのだ。一生のうちで、人付き合いに使える時間は限られているし、仕事の時間も確保しなければいけない。そんな中で、一度きりの人生を楽しく生きていくための交友関係を考えたとき、人脈の量を増やさなければいけない側面もあるが、やはり人脈の質を高めていくことがより重要となる。

ある意味では、自分にとってどうでもいい人間関係をいかに見極められるか、ということが重要になるのだ。

違和感を大事にすれば、対人関係で間違わない

人物を見極めるときには、直感を重視するべきである。ここでいう直感は、単なる思いつきではない。自分の今までの体験の中で、自分の思索の中で積み重ねてきた、自分のすべての理性や感性を統合的に発揮した結果としての直感である。この直感を認識していれば、自分の感覚に対して、信頼を置くことができる。

まずは自分の心に聞くことだ。**頭で考えるのではなく、何か違和感を持ったら、それを大事にする**。違和感の原因を、頭を使い、理性を用い、究明していく。

特に人との関係の中では、理屈を超えて言いようのない感覚を抱くことがある。「どうも、合わない気がする」といったものだ。言葉にできない、説明できないこの感覚を、私は大事にしている。

そもそも言語というものは、完全ではない。**感じたことのすべてを言語で表現することはできないのだ**。だから、言語だけで物事を考えるのは危険である。

もちろん、なぜそうなるのか、ということについて、言語を用いて論理的に語ろうとすることは大切だ。言語による論理的思考を大事にしながらも、言葉にできない感覚も大事にする。私が尊敬する人には、そういう方が多い。

人間は神聖なものに弱い。それはアメリカの社会を見ればわかる。神の存在に対し、懐疑精神を持ち、納得がいかなければ信じないのが、理性的な考え方だとも思えるが、そんなことにはなっていない。言葉では表現しきれない力があるのだということを、社会が認めているからだと思う。

人はなぜ生きるのか。死んだらどうなるのか。それは、哲学の歴史の中で二〇〇〇年以上前から語られている。しかし、やはり言語では到達できない境地があるのだ。**最高の知性を持った人が考えに考え抜いても最終的に解決できない何かが、この世には存在する**。

何もかもが、理性で解決でき、言語化できるとは限らないと理解すること。そうしたものが、自分の中にも宿っていることを認識するべきである。そしてその力を、対人関係構築にも活《い》かすべきなのだ。

感じたことのすべてを言語で表現することはできない。
だから、言語だけで物事を考えるのは危険である。

本当の強さを手に入れなければ、自然体にはなれない

一方で、自分自身も相手から直感で捉えられる存在であるということを認識する必要がある。だからこそ、自然体であることが大事だ。

日常の中で自然体になるということは、実は簡単なことではない。**自分そのものが強くなければ、自然体にはなれない**。

子どもの場合は、自分が強くなくても、感覚通りに振る舞えば自然体になれる。それを見て、大人はうらやましいと思う。

しかし、学校に通うようになり、社会性を身に付けていく中で、社会にはルールがあり、上下関係があるといったことを半ば強制的にしつけられていく。結果として、その中で演じてしまう自分が現れるようになる。

やがて演じている自分が本当の自分だと勘違いするようになり、仮面をかぶった自分を疑わない自分がいつの間にかでき上がってしまう。すると、本当は自然体で生きたい自分との間で、大きな葛藤が生じるようになる。

世俗的なものをすべて捨てて自然体になるということは簡単ではない。自然体に生きていくことを追求し過ぎると、生計が立たなくなることもある。

しかし、まったく別の方法で、人は自然体になることができる。それは、自分の内面を強くしていくことだ。内面を強くしていくことで、人は初めて本当の意味で自然体になれる。それは、他者に対して自分の力を押しつけたり、権威を振り回したりする、といった意味での強さではない。自分が自分自身を信じることができるという強さだ。その度合いが大きくなればなるほど、人は強くなり、初めて社会の中で自然体になって生きることができる。

自分の強さがわかっている人間は、他者に対して何かを見せびらかそうとはしない。

自分の力が弱いと思ったとき、人は自分を大きく見せたくなる。それは、人間としては自然な行動である。

しかし、本当の自分の強さを手に入れた人は、余裕が出てくる。だから、そうした行動を抑えることができる。見せびらかさなくても、強さはにじみ出てくる。だから、相手には伝わるのだ。人間は自分を深く知れば知るほど、自分について語らなくなる。つまり、自分を知る人間は、外への自慢ではなく、内への省察に向かうのだ。

言葉を換えれば、風格である。**風格はにじみ出るものである**。見せびらかそうとする人から、風格は表れてこない。意図に反して、「なんだか軽いな」と思われたり、逆効果になったりする。

本当の強さを自分の中でじっくりとつくり上げることだ。そのための修行が必要になる。これまで書いてきた、他者を非難しない、反論しないといったことは、その方法の一つである。

敵対する人が現れたら、幸せを祈ってあげる

大学のゼミで何かのグループワークを行うときに、学生たちに対して常に言っていた言葉がある。それは、すぐに判断するな、決めつけるな、ということだ。

例えば、五人でグループワークを行い、企画を考えていくとする。そのような場合、誰かの意見に対して、性急に判断を下し、決めつけて評価してしまうようなことが往々にして起きる。

そのような姿勢では何も生み出すことはできない。だから、Aという学生がある話をしたら、「それはうまくいかないと思う」という発言は返してはいけない。自分が上からの目線に立った判断は下さない。ある案に対して、自分自身でどういった付加価値をプラスすることができるか、ということを考えて、ポジティブに、そして建設的に相手に返すことを、私は学生たちに求めてきた。

耳で聞いたら、すぐに口から言葉を発するのではなく、耳に入れて、頭で付加価値をプラスして返す、ということである。改善する方法でもいい。

「あ、それもいいと思うんだけど、それにこういうのを加えたら、もっといいんじゃないかな」

プラスアルファを付けて返し、次の人も、またその次の人も、と繰り返していくと、場の空気は一変するようになる。

そうすれば、誰がどんな話をしても、不安はなくなる。未熟な話だったとしても、心配はいらなくなる。周囲がそれを受け止め、未熟なものに対して成熟度を加え、返してくれるからだ。

それは誰にとっても嬉《うれ》しいことであり、学びを得ることでもある。自分もそうしようと思うようになり、こうして一つのサイクルができ上がる。五人のグループワークのチームは、高め合う関係になるのである。

人が、あるいは社会が求めているのは、このようなチームであり、対応であると思うのだ。


そもそもその場における発言で、深い根拠を持って意見を述べる人はそれほど多くはない。まるで上司であるかのように、判断し、決めつけ、「それはうまくいかないよ」という発言を返してくる人は、まわりの人たちからその場で見切られることになる。「この人は、あまり深く話しても意味がないね」となるのだ。

運悪く、このような人たちに出会ったときはどうするか。

そのような場合は、**何よりも、相手の幸せを祈るとよい。ただし、自分の人生には関わらないでほしい、と**。相手が土足で自分の内面に入ってこないようにするのである。祝福し、関わらないのだ。これは敵対心を持って接してくる人に対しても同様だ。

日常の中では、こうした人たちは必ず存在する。この種の人たちと関わらないよう、自分の心の中で整理をする。ネガティブな形で、憎しみの対象として整理するのではなく、相手を認め、相手の幸せを祈り、一方で関わらないというスタンスをとる。

敵を常に許すことである。自分の心を平静に保ち、敵を許すことは、最終的に相手に対して最大の打撃を与えるのである。

大切な人から見返りを求めてはならない

人間関係において心がけるべきこと。それは、初めて会ったとき、つまり一回目はきちんと心を開く、ということである。誰に会ったとしても、完全にフェアな姿勢で接する。丁寧に、親切に、心を開く。

しかし、二回目はそうはしない。**自分の中で、よく考慮した上で、会うかどうかを決める**。**厳選させてもらう**。**徹底的に差別するのである**。

だからこそ、一回目に会うときは、きちんと笑顔で接しながらも、見極める姿勢を持つ。二回目に会っていいか、ということだ。この二回目以降が、極めて大事になる。

もちろん、一回目ですべてがわかるとは限らない。しかし、そのリスクは、自分で覚悟する。そうなれば、一回目でかなり集中して人を見るようになる。

そして、二回目には、自分が大切な人だと思える人だけに時間を使う。

言葉は悪いが、自分の人生にとってどうでもいい人たちと時間を過ごすことで、大切な人との時間が奪われている、ということに気づかなければならない。誰しも、やりたいことや、好きなことがたくさんあり、それらに費やすべき時間も奪われていくのだ。そうしたものを大事にしながら、それでも会いたい相手なのかどうか、ということをしっかりと見極める。感受性を高め、瞬時に判断ができるようにする。そうすることで、本当に大切な人脈ができていくのだ。

そして、**自分が大切だと思う人に対しては、とにかくフォローを心がける**。私は二〇代の頃、世界各地を転々としたが、当時、自分が大事だと思っている人には、移動するたびに絵葉書を書いて送っていた。

これは、思った以上に大きな効果を持っていたことを後に知った。ところが、私にかかった負担は、葉書を買い、心を込めてその地で感じたことを書くだけだったのだ。

実際、葉書をもらうことは今、どんどん減っている。正月以外に、葉書をもらうことは、ほとんどない。だから、予想以上に印象に残るのだ。

もちろん、書く内容はしっかり精査しないといけない。ちょっとウィット（機智《きち》）

に富んだメッセージを書くことができるかどうか。

ただ、絵葉書は絵や写真のインパクトが、ずいぶん助けてくれる。それこそ国内外に旅行に行ったときに、一言、ワンフレーズを添えて絵葉書を出すだけで、相手を大切に思っているということを伝えることができるのだ。もらった側はわざわざ自分のために外国から絵葉書を送ってもらったことにちょっとした感動を覚えると同時に、特別感も得られる。

自分が相手にとって、特別な存在になっているということに気づくと、人はなんとかお返しをしてあげたい、と思うようになる。

誰にでもできることだが、案外、誰もやっていないこと。そこに意味がある。

大事な人だと本当に思うなら、心を込めてきちんとフォローしていくことだ。相手が忙しいのではないか、有名な人だから迷惑ではないか、などと考える必要はまったくない。

気持ちをただ伝えればいい。相手の反応もひとまずは考える必要はない。**自分の心の根底にある意図が善意なるもので、ピュアなものであれば、必ずそれは伝わるのだ。**もっと言ってしまえば、伝わらなくてもいい。それで断られてもいいのだ。

返事がないから、嫌われているのではないか、などと思う必要もない。本当に善意の気持ちから、愛情を持ってメッセージを届けたときは、返事があるかどうかは関係がない。相手にメッセージを届けることができれば、もう、それだけで十分幸せだと、私は考える。

本当に大切だと思う人には、決して見返りを求めてはならない。

与えることに徹することが、何よりも大事なのである。そうやって生きていると、やがて、何かの見返りではなく、どこからともなくギフトが自分のもとに届くのだ。

いい人になろうとしない

人脈には二つの目的がある。一つは成長のための人脈。相手と自分をどう高め合えるか、ということ。そしてもう一つが、愛情である。自分が愛情を与えたいか、愛情を分かち合いたいか、愛し合いたいか、ということだ。

だからこそ、自分の成長につながらない関係、愛情につながらない関係は、シビアに見極める必要がある。厳しいことを言うようだが、それができない人とは、関わるべきではない。

理性的にも感情的にも自分が何かを学べる人であるかどうか。そういう視点で厳選していくのだ。また、自分の感性の豊かさ、愛情を深めてくれる存在か。そういう観点からも徹底的に計算をするべき大事なことなのである。逆に言えば、そうではない人脈は、つくらないほうがいいとさえ、私は考えている。

なぜなら、一生の間に付き合うことのできる人間の数は限られているからだ。**決して長くはない一生の間にどのような交友関係を築き上げるか**。豊かな人生を築いていく上でこれ以上、大切なことはないといっていい。

もとより人間関係においては、みんなから好かれる必要はない。こう心の中で思うことで、苦しみから脱出できた、と語る人は少なくない。だが、そもそも全員に好かれることはできない。そして、そうあるべきでもない。

人間は、いろんな価値観を持っている。さまざまな価値観に合わせようとすると、自分自身の独自の価値観という大切なものを失ってしまいかねない。

まずは前提として、いい人になろうとしないことだ。そう考えるだけでも、苦しさは減る。人間関係では、無理をしないことが大切なのだ。

極端なことをいえば、人脈は自分一人でもかまわないのかもしれない。何かあったとき、常に一人で自分と向き合い、自分と付き合う。それでよいではないか。**天才は、「自分といるとき」が一番幸せなのだという**。だから、天才は社交性に欠ける。「あいつといるより一人で自分と対峙《たいじ》し、思索に向き合ったほうが、より楽しめる」などということになる。

しかし、われわれは天才ではない。家の中でポツンと一人、椅子に座って、自分に向き合うことはかなり難しい。苦しくなるのだ。

だからこそ、自分が一人で、孤独でいるときに、自分が楽しくなれるよう、満たされた気持ちになれるよう、日頃から自分自身を魅力的な人間にしてあげておくことが大切になる。

自分というのは、ずっと付き合っていかなければいけない友人なのだ。誰かに依存する気持ちは、捨てたほうがいい。

人間は自分で車を運転しているときは、車酔いしない。ところが、他人の助手席に乗ったときに、車酔いする。

自分が指揮権を握っているときは、人生の中でも混乱したり、迷ったりすることはない。他者に自分の人生の指揮権、ハンドルを握らせてしまったときに、人間は苦しむのだ。

車酔いするのは、自分が指揮権を握っていないからだ。さまざまな予測が不可能だから、人間は苦しくなる。予測不可能な状況に対する拒否反応が、車酔いに発展するのである。

いつも通っている道なら、誰が運転しても、車酔いはしない。しかし、慣れていないところに向かうとき、次にどこに行くかわからないとき、車酔いするのである。

予測不可能な状況に対して、指揮不能な状況にしないこと。指揮権を手放さないこと。それが、人生を車酔いさせない方法である。

みんなから好かれる必要はない。
いい人になろうとしなくていい。
人間関係では、無理をしないことが大切なのだ。

誰もがパワーストーンのような存在になれる

自分と合う人、合わない人の判断基準は、何を大切にして生きているか、ということに尽きる。何を大切にしているかが似ている人は、価値観が合う人といえるし、大切だと思うことの順番がずれてしまう人は、価値観が合わない人と考えていい。

人は、価値観が合わない人に評価されてもたいして嬉しくないものだ。ならば、**価値観が合わない人に非難されても、悲しく思う必要はない**。

大切にしているものが似ていて、同じ価値観を持っている人が、そもそも、自分に対して非難をしてくることはない。自分が本気で大切だと信じてやっていることに対しては、応援をしてくれるし、自分が何かしくじったり、落ち込んだりすると、一緒に悲しんでもくれる。だから、何を大切にして生きているかが似ている人は大事にしなければならない。

対人関係において、自分と合わない人にまで、自分の心の中のエネルギーを使い過ぎるのは禁物だ。心がすり減ってしまい、本当に大切な人に自分の愛情を注ぐことができなくなる。

他人が自分のことをどのように扱い、どんなふうに接してくるか。実をいうと、これは他人が決めていることではない。自分が自分自身をどう扱っているかが決めている、と私は思っている。

例えば、「この人、威厳があるなあ」と人に思わせる人物は、自分自身に敬意を払い、自分は重要な人間であると、自分に対して常々言い聞かせているものだ。

威厳のある人は、自分の威厳というものを常に意識している。それは、社会的な立場がつくることもあるし、その人自身の強さがつくることもある。社会的な立場のある人は、それを自分で強く認識しながら振る舞う。そうすると、まわりにそうしたオーラが出る。

逆に、威厳を持てていない人は、例えば、自分はとるに足らない人間で、自信もないし、こんな場にいるべき人間ではない、と無意識のうちに思っている。そうすると、「あ、この人はそういう人なんだ」とまわりは思ってしまう。

つまり、他者からどう思われるかということを改善したければ、まずは自分自身を大事にしなければならないのだ。自分自身が自分に対して、威厳を持つように心がける必要がある。

対人関係において よく犯しがちな間違いは、自分が人からパワーをもらおうとしてしまうことだ。この流れを逆に変えることで、人間関係は劇的に変わっていく。

私は信じている。**すべての人間は、パワーストーンやパワースポットになれる潜在力を持っていると**私は信じている。その潜在力を開花させる一番よい方法は、対人関係におけるエネルギーの流れを変えることだ。

すなわち、他者が自分に何をしてくれるのか、ではなく、自分自身が他者に対して、どういう力が与えられるのか、というスタンスに立つのである。

人間は、ポジティブなエネルギーをもらいたいという気持ちを誰しも持っている。

自分からポジティブなエネルギーを、他者に与えたいと思っている人は案外少ないのだ。そして、**口ではまわりの人たちに貢献したいと言いながら、実は一緒にいるだけでまわりの人を疲れさせてしまう種類の人間も、世の中には存在する。**

だから、本当の意味でパワーを与えてくれる人に出会うと、誰もが感動する。

人間は、自分がされたことは決して忘れない生き物なのだ。

自分自身が喜ぶことを相手にしてあげよ、とはよくいわれることだ。そうすることで、相手はもちろん喜んでくれるだろう。だが、効用はそれだけではない。自分自身に対してより大きなインパクトがある。

なぜなら、「与える」というのは、人間が持つ純粋な善意から生まれる崇高な行為だからである。与えたいという気持ちになった段階で、実はすでに自分自身が最高のギフトを受け取っているのだ。

伝えたかどうかではなく、伝わったかどうか

与える、と書いたが、一つ注意すべきことがある。これは親子の愛情にヒントがある。親というのは、子どもに対して大きな愛情を注いでいる。しかし、子どもがその愛情について、どう考えているかを、親は意外に考えていない。

お前をこれほど愛して育てた、と親は言っても、子どもがそれを完璧に受け取ったかどうかは別の話なのだ。

人間関係で大事なこと、とりわけ与える立場で大事なことは、愛するという気持ちを伝えるだけではなく、愛を本当に感じられるように、相手の立場に立って考えたかどうか、ということである。**伝えたかどうかではなく、伝わったかどうかを考えられるかどうか、である**。

相手を信頼することも大事だが、信頼された気持ちにさせるのも大事だということ。気持ちだけでは伝わらない。そして、相手が気持ちを受け止めるところまで、責任を持たなければいけない、ということである。

人間が何か一つの言葉を口にしたとき、さまざまな人が、いろいろな受け取り方をする。言葉の不完全性、言葉の可能性を、自分の中で理解することも重要だが、言葉では伝えきれないという言葉の不完全性も理解しなければならない。**説得できるとは限らない、共感してもらえるとは限らない、自分の思いが相手に伝わっているとは限らない**、ということだ。

そうした危険性があるということをきちんと認識する。そして、「与えた」という自己満足で終わるのではなく、しっかり相手の立場に立ち、相手が与えられた気分になるかということを考えることが大切になる。

自分が相手にしたことに対して、相手の立場に自分を置き換えて感じてみる。そのようにして、相手が自分に対してどう感じたかということを考え、それをどうすれば改善できるのかということを常に考えておくことである。

自分がコントロールできるのは、そこまでなのだ。相手がどう感じ、どう考えるかは制御できない。だから、自分ができることは一〇〇パーセント、制御しなければならない。

相手に対して、最善を尽くした場合、不思議なことに制御が利くことが多い。大事なことは、相手に要求をしないことだ。むしろ、相手が要求をしていることに対して、与えるという気持ちを持ち続けることだ。それが、相手の制御を可能にする。

面白いことに、逆のことも起きる。**自分がネガティブなものを与えたときには、相手から倍返しをくらうのである。**

自分が与えたポジティブに対しては、やはり相手は倍返しをする。人間関係は、そういうものである。

説得できるとは限らない。
共感してもらえるとは限らない。
自分の思いが相手に伝わっているとは限らない。

自分に嘘をついてはいけない

人脈づくりについて、気を付けなければいけないことを三つ、書いておきたい。

一つは、**自分に嘘《うそ》をつかない**、ということだ。会話を交わしていて、本当は相づちを打ちたくなかったのに、打ってしまった。自分は同調したくなかったのに、つい相づちを打ってしまって後悔する。そういうことが起こり得る。

それでは、本当の自分にならない。だから、もしそのような自覚をしたのであれば、自分に言い聞かせて、徐々に直していくことが大切だ。

自分に嘘をついてしまったことを決して流してしまわずに、しっかり意識する。そうすることで、徐々に直っていく。試行錯誤は必要だが、自分の取った行動が違うと思ったときにはそのように意識することで、修正していくことができる。**人間というのは学習を繰り返しながら、自分自身をつくり変えていくことができる生き物なのだ。**

もう一つ、**自慢をしないことはもちろんだが、自虐もしないことである。**謙虚であることは大切だが、自分の価値を下げてはいけない。なぜなら、自分に対して、極めて失礼なことだからだ。

自分が一〇〇あるとすれば、大きく見せることも問題だが、必要以上に小さく見せないようにしたほうがいい。小さく見せると、捉え方によっては非常に卑屈に見えてしまう。

私はこんなにできない、期待しないでください、失敗しても何も言わないでください……。そんなリスクヘッジをしようとしているようにも見える。

それはある意味では責任放棄である。現状では、実力は足りないかもしれないが、将来的な可能性は残されている。それは、自分の努力次第で高めることもできる。だから、必要以上に自分を卑下しない、自虐しない、ということだ。

三つ目が、これはとりわけ仕事上の人脈づくりにおいて鉄則といえるものかもしれないが、**感動を与える**、ということである。

人はいろいろな期待を胸に秘めている。その期待に応えるにはどうすればいいのか、常に考えているのが、一流の人たちだ。しかし、超一流と呼ばれる人たちは、その期待をも超えて、そこに何をプラスアルファで加えられるのかを考えている。

本当のホスピタリティ（おもてなし）とは何か、という話でもよくいわれることだが、やはり感動が生まれるのは、予想した以上のものが返ってくるときである。そういうときでないと、本物の感動は起きない。

期待を超えようとするときに、心がけなければいけないことがある。相手が求める期待というものが何なのか、どこまでなのかを見極めるということだ。これができなければ、決して期待を超えることはできない。

相手の期待を知り、期待を超える。相手は何のためにこの交渉の場に来ているのかを知る。どこまでクリアすれば相手は満足なのかを理解する。そして、その期待をどう超えるか。それを常に考え、与えることが感動につながるのだ。

相手の目を見てサイレントギフトを送り届ける

例えば、二人で話をしているとき、コミュニケーションのツールは、実は言葉だけではない。心の中で静かに相手にメッセージを送ることもできる。

自分が親しくなりたいと思っていること、相手のことを特別な人間だと感じていることを、心の中で静かに伝える。あるいは会話をしながら、**相手の目を見てメッセージを送る**。**これを私は、サイレントギフトと呼んでいる**。

ギフトなので、返ってこなくてもいい。ずっと送り続ける。相手が受け取ったかどうかを確認しながら、心を込めて、ただ送り届ける。そうすれば、必ず相手に伝わる。サイレントギフトを送られている人は、何かに包み込まれているような安心感を覚えるはずだ。

相手に接するとき、相手が自分にとって特別な人間であることに気づかせてあげるとよい。実際、自分がこの人と親しくなりたいと認めた人であれば、相手は自分にとって特別な人間だと思っていいだろう。

自分の存在を特別扱いしてもらえる経験は滅多に得られないものである。それゆえ、**やがてこんなふうに言われるようになる**。**あなたと会っていると、特別な気持ちになれる、と**。人が感動するのはまさにそういうときだ。だから、相手にとって最高の気分を演出するプロデューサーになることに集中するのだ。

自分のことをよく見せたい、よく見られたいという気持ちがあるのは、よくわかる。

しかし、それらの自分中心の感情を抑えて、相手の感情に目を向けることだ。**相手がいかにすばらしいかということを、相手に気づかせてあげる**。サイレントギフトを送り届けながら、相手の一番得意な話題に話を持っていってあげる。そういうことができる人は少ないから、いつしかあなたという人間に希少価値が生まれてくるはずだ。

実際、得意なことを聞かれて嬉しくない人はいない。また、あなたは教えてもらうことによって、学びや気づきがたくさん得られる。このように、相手を喜ばせるという行為はいいことづくしなのである。

逆に、自分が語り、相手に教えるような立場になってしまうと、気持ちはいいかもしれないが、次第に成長の機会が少なくなっていく。**そうではなくて、相手に主役を譲るのだ**。結果的になってしまった脇役は寂しいものだが、自分の意思で選んだ脇役は違う。心が平穏になると同時に、相手を気持ちよくさせられたことに、大きな喜びを見出《みいだ》せる。相手に主役を譲り、**脇役を演じる名優となる**。これこそが、器の大きな人間になれる一歩なのだ。

なぜなら、他者の経験を自分のものにすることができるから。例えば、他者の失敗も自分の失敗だと思えるようになる。そうすることで、自分が失敗しなくても、失敗したことによって得られるものが、得られる。

実は、こういう人たちが、最も賢明な人なのだ。自分が痛いめに遭って学ぶことにはダメージも伴う。傷だらけにもなる。そうではなく、他者が痛いめに遭ったら、それを見て、あたかも自分のことのように思える人間は、その体験を直接しなくても学ぶことができるのである。

体験は大事だが、体験しなければ学べない人間は愚かである。われわれは本も読めるし、思索もできる。想像力という武器を使って、他者の体験から学びのできる人になることを目指すのだ。

第6章

時間力

人生は時間の使い方でつくられている

時間が大切だということは、誰もがわかっている。だが、心の底から、時間の大切さをわかっていると果たして断言できるだろうか。

時間をどうマネジメントするのか。それはすなわち、命をどうマネジメントするのか、ということである。人生において時間をどう使うかは、人生をどう生きるかにまさに直結しているのだ。

時間の長さは一定であり、時間を長くすることはできない。一時間という時間は誰にとっても同じ一時間だ。しかし、使い方によっては、限られた時間をより深く生きることができる、ということに気づいておく必要がある。

自分がどれくらいの集中力で、密度の濃い一瞬一瞬を深く刻むように生きることができるか、ということだ。時間をどれだけ有効に使ったかによって、価値ある人生を送れるかどうかが決まる。

これは日本人に限らないことだが、偉人には短命で終わる人が多い。たとえ生きた時間が短くとも、その短い人生で生み出した価値は、われわれが三〇〇年、四〇〇年生きたとしても生み出せないものであろう。

もちろん持って生まれた才能もあるはずだが、おそらくその偉人は、自分に与えられた二四時間というものを深く捉え、価値を生み出すことに集中したのではないかと思う。

時間の使い方は、単なるテクニックだけを学んでも意味はない。時間によって人生がつくられているのだという感覚を持つことが、何よりも重要だ。時間への緊張感は、命への緊張感でもあるのだ。

生きていくために必要なものに、お金がある。お金のマネジメントは多くの人が意識している。何にいくら使ったか、今日はいくら使ったか。お金の使い方を検証するために家計簿を付けている人もいる。

しかし、**お金は稼ぐことができるが、時間は稼ぐことができない**のだ。その意味では、実はお金以上にマネジメントが必要なのが、時間なのである。

感情は可視化し、客観化することで制御したり、改善したりできると書いたが、時間の使い方についても同様だ。**自分が何に時間を割いているのか、何に時間を奪われているのかを徹底的に意識しなくてはならない**。自分自身で時間の使い方について意識を深めていかない限り、時間を自分の思い通りにコントロールすることなど決してできないのだ。

実際、時間は誰にでも平等で、条件も同じである。分け合うこともできないし、もらうこともできない。今という瞬間は、その瞬間で消えてしまう。だからこそ、二四時間の使い方で、生み出す価値は変わってくる。人生を変えたければ、時間の使い方を変えなくてはならない。時間の使い方が変われば、人生の充実度と幸福度が劇的に改善されることを断言しておこう。

人生を短くしているのは、自分自身である

一つ書いておきたいことは、時間を精神的に捉えることの重要性である。ローマ時代の思想家セネカには、『生の短さについて』という有名な著作がある。私自身にと

っても、これまで読んだ本の中で、一、二を争う珠玉の一冊である。

彼はこう言っている。**人生は決して短くない。短くしているのは、自分自身である、**と。人間というのは、あたかも自分自身が永遠に生きているかのように時間を過ごす。ところが、病気にかかったり、死が近づいてきたりすると、自分の人生はなぜこんなに短いのか、と神様を憎むことになる。そして、与えられた時間を十分に有効活用しない。生の終わりを意識したとき、人間は初めて瞬間に対する大切さを意識するようになる。もし、永遠に生きることができれば、瞬間に対する意識など生まれない。

人生には限りがある、という終わりを意識することだ。そうすることによって、瞬間を生きる意味が、初めて生まれてくる。

端的にいえば、死生観を持つことが大事なのだ。決して抗《あらが》うことのできない死という宿命を意識することによって、われわれは初めて生の意味を考えるようになる。死は人生の終わりを意味する。**終わりに向かっていくという意識が、人生のあらゆる瞬間にかけがえのない意味を与えてくれるのだ。**

人生の価値は、生きた時間の長さと、瞬間に生きた深さをかけた面積で表すことができると私は考える。物理的な時間の長さだけでなく、自分自身がどう生きたか、瞬間に対する緊張感や集中力を持つことで、時間の価値をいくらでも高めることができるのだ。

理想の時間の使い方を徹底的に意識する

まずは、無駄な時間をなくす意識を持つ。同時に、われわれに与えられた時間は十分に長いということを認識しておくことも大切である。

集中力は何時間も続かない。やらなければいけないことに二四時間取り組んだとしても、ほかのことが気になってしかたがなくなる。

そこで心がけるべきは、ダラダラする時間も、自分の決心に基《もと》づいて、自分の選択としてやっていることを意識することだ。すべての瞬間、何をしてもいいのである。**何をするかが重要なのではなく、どんな心構えで時間を過ごしているか、ということが重要なのだ。**

やってはいけないのは、時間の垂れ流しである。だから、時間の過ごし方について、検証してみることをお勧めする。一週間、自分がどのように時間を過ごしているのかを具体的に把握するのだ。その中で、削るものを意識して削る。増やすものを意識して増やす。自分が過ごす時間を有効に活用するにはどうすればよいかを考えてみる。

もし、時間が足りないのであれば、例えば睡眠時間を減らすことを考える。スマホの電源を切る時間をあえてつくってみる。そうやって生み出した時間の中から、少なくとも六〇分、できれば九〇分を自己投資に使うとよいだろう。そうすることで、将来に対する種を蒔《ま》くことができる。人生を変えるための種を蒔き、水をやる時間を確保するよう、徹底的に意識するのである。

何が必要な時間で、何が必要でない時間なのかを見極めるには、自分の人生の中で何が一番大切なのかという判断基準を持つことが必要だ。それがなければ、時間をどう配分するべきか、わかるはずもない。

時間配分の前提は、評価基準を自分の中に明確に認識することである。端的にいえば、**自分の時間の中で、幸せを感じる時間は何なのかということをリストアップし、できればランキングを付ける。**

自分が一番幸せな時間、成長が一番できる時間、愛情や感謝の気持ちを一番抱ける時間を強く意識する。その感覚をもとに、理想の時間の配分を書いてみるのだ。そうすることで、実はどうでもいいことに自分が時間を配分していたことに気づくことができるだろう。

今の自分の時間の使い方を可視化し、理想の時間の使い方と比べてみるといい。

これができて初めて、現実を理想に近づけるための道筋と方法を考えられるようになる。そして、いろいろな試行錯誤に取り組めるようになる。現状を理想に近づけていけるのだ。

最初は意識的に時間の配分を行い、それを習慣化していく。時間を意識的に配分していくことを繰り返していくことで、やがて自分が意識しなくても、理想の時間の使い方が自然にできるようになっていく。

三か月たったとき、かつての時間の使い方と比べてみるといいだろう。自分の努力の産物を確認することができるはずだ。

自分が決意すれば、三か月で誰もが理想の時間の使い方を手に入れることができるということを信じてほしい。

何をするかが重要なのではない。
どんな心構えで時間を過ごしているかが
重要なのだ。

大事な二割を見極め、まず考える時間をつくる

ある人が一つの仕事に取り組むだけで精一杯であるとしよう。ところが、別のある人は、同じ仕事をこなしつつ、さらに別の仕事をいくつもこなしている、ということがある。端的にいってしまえば、パフォーマンスの違いだが、この差をもたらしているのは、何だろう。それは、仕事のやり方であり、時間の使い方である。

仕事ができる人は、本当に重要なことに自分の八割、九割の集中力と時間を使っている。そして、仕事をスタートさせる前に、その見極めをしている。**とにかく頑張ればいい、ではなく、どこを頑張るのか、を最初に考えている**。そのための時間をきちんと取っているのだ。

多くの人がピンと来るのではないだろうか。仕事のできない人は、どうでもいいことに時間をたくさんかけているのだ。最初に、何が大事で、何に一番時間をかけなければいけないのかを、ちゃんと考えていないのである。

できる人は、そんなことはしない。例えば二割の大事なこと、八割のまあまあ大事なことがあるとすると、八割のまあまあ大事なことに関しては時間を割かず、完璧を目指さないと割り切るのだ。

一方で、大事な二割には八割の時間を使う。かける時間だけではなく、集中力を持って仕事に取り組む。

できない人は、時間をかけ、集中力を用いる対象が間違っているのである。だから、どんなに頑張っても期限通りに仕事が終わらないし、精度も高くないということになりがちなのだ。

大事なことは問題の定義なのだ。**この仕事においては何が大切なのか、ということを考える時間をつくること**。方向を見極め、何をやるべきかをリストアップし、優先順位を付けるひと手間を惜しまないこと。そうすることで、結果的に自分が目的地に辿《たど》り着くスピードを速め、精度を高めることになるのである。

限られた一定の時間の中で仕事の結果を出すためには、何に集中するべきか、すなわち努力の方向性と濃度を意識する必要がある。そして、**自分の時間を配分すること**

は、自分の命を配分することと同じだ、と強烈に意識する。

そうすると、仕事の重要度に応じて、時間配分をイメージするようになる。これには、このくらいの時間しか配分しない。このくらいの時間があれば十分解決ができる。そんなふうに自分の能力に対する理解も深まってくる。仕事を見たときに、その仕事にかけるべき努力の度合いも見えてくる。

大事なことなのでもう一度言うが、時間をどう使うかは、命をどう使うかに直結しているのだ。

だから、自分が本当に大切で重要だと思った仕事は、徹底的に優遇して扱うこと。その仕事にかける時間は、思いきってＶＩＰ待遇にするくらいの意識でもいい。九五パーセントの情熱を注ぐとよいだろう。

その際、完璧を目指す必要はない。その仕事の一番大事な、ど真ん中をクリアすることに集中するのだ。それができるようになれば、仕事から得られる満足度が格段に上がるだろう。

とにかく頑張ればいい、ではなく、
どこを頑張るべきなのかを
着手する前に見極める。

もう少し時間があったら、という言葉は使わない

自分のキャパシティ（許容能力）を大きくすることも重要だが、今あるキャパシティの中で、それをどう有効に使うか、ということを考えてみる。そこで大事になってくるのが、心構え、仕事の捉え方、そして時間配分である。

キャパシティが一定のときに自分の時間をどう配分し、自分の集中力をどこに配分していくか。それらをとことん考え、挑むことは、キャパシティの拡大にもつながる。

集中力とは、つまるところ、気持ちの入れ方の問題である。

一時間ではなく二〇分で集中してやろう、二〇分しかかけなくても一時間分の成果を出そう、と自分で決意したとき、パフォーマンスは初めて上がるのだ。何も決意しないまま、なんとなく仕事に取り組むと、一時間の仕事は二時間かかっても終わらなくなってしまう。

だから大事なのは、二〇分で終わらせようと決意することなのだ。すると、一時間

の仕事を二〇分で終わらせる工夫をするようになる。決意一つで、自分の生産性が三倍も上がることになるのだ。

もう少し時間があったら、という言葉は絶対使ってはいけない。

この言葉の意味するところは、もう少し時間があったら、もっとすばらしいものができたのに、ということだろう。

しかし、それはただの言い訳に過ぎない。

最初から、かけられる時間も締め切りも理解できていたはずである。だから、一流の仕事人はこんなことは決して言わない。このフレーズを使う仕事人は三流だと思っていい。

要するに、与えられた時間の中で、自分の時間マネジメントができなかったということだ。

もう少し時間があったら、という言い訳をよく使う人は、たとえもう少し時間があったとしても、仕事のクオリティを上げることは決してできないものだ。

やめる、捨てる、断る、離れる勇気を持つ

時間を生み出すための、とっておきの方法が一つある。それは、何かをやめる、ということだ。捨てる、断る、離れる、といってもいいだろう。こうしたことを意識的にポジティブに自分の中で捉え直すとよい。

自分の命を守るために、また、大切にするためには、ある種の勇気が必要になる。それは、自由に対するリスペクトから生まれる勇気である。

つまり、**やめることを躊躇《ちゅうちょ》しない**。**それが大切だ**。捨てること、断ること、離れることが、きっぱりできるようにする。**すべての、どうでもいいことに、もう時間を使わない、という決意**。その決意は自分の命に対するリスペクトから生まれるのである。

人生の価値が「長さ×深さ」で測れるなら、長さを自分の意思で変えられない以上、深さを深くしていくしかない。深さとは、集中力と同意語であり、集中力とはすなわ

ち、一点に絞ることである。大事な一点以外のものを、自分の意識の中から消していく、ということだ。

やめる、捨てる、断る、離れる、が大切になるのは、集中力を高めるためである。自分の集中力を邪魔するものをいかに消していけるか。それができる生活環境をどれくらいつくっていけるか。

何でも頑張ればいいわけではない。頑張るに値するかどうかを、まずは自分の中で見極めることが必要である。

集中力とは、遮断する能力でもある。

遮断は重要だ。外部と自分との対話を遮断すると孤独になるが、その瞬間から自分と自分との対話を始められるのである。

自分との対話を大事にする人は、孤独や沈黙の時間を大切にする。時に、外とのつながりを断つことは極めて重要である。

すべてのどうでもいいことに、
自分の貴重な時間をもう使わない、
と決意する。

ネットを遮断する時間を確保する

時間を生み出す方法を、ほかにもいくつか紹介しておきたい。まずは、あまり計画に時間を使い過ぎないことだ。とりわけ長期の計画を立てるときはそうだ。

計画する間も、人生の大事な時間を使っているのだ。その間も時間は流れていく。だから、計画には時間を使い過ぎないように気をつける。**本来、長期計画においては、具体的なものを細かく考える必要はない。大事なのは核となるイメージである。**それは時間をかけて考えるものではなく、突然、衝動的にひらめくものである。だから、時間をかける必要はないのだ。

ただし、先にも書いたように、短期のタスク（課題）を処理するにあたって、計画する時間がないのは問題である。悩む時間があれば取りかかれ、と上司から教わってきたのかもしれないが、まずは一呼吸置いて考えることからスタートすることが重要である。

計画する際のコツの一つは、分割という手法をうまく活用することだ。

ある著名な書き手と、執筆の苦労について話をしていたときに、こんなことを教えてくれた。例えば二〇〇ページを書くのではなく、一〇ページを二〇本書くイメージにする。二〇〇ページを書くのは大変だが、一〇ページのコラムを二〇本書くと思えば、ぐっと印象は変わる。一〇ページのコラムを一日二本書く力があるなら、一〇日で終わると見通しが持てる。ところが、二〇〇ページのイメージだと、自分が本当に書けるのか、それさえもわからず、計画も立てづらい。


文豪ゲーテも弟子に仕事を任せるとき、とにかく仕事は小さく分割しなさい、と伝えていた。そして、一つひとつをつぶしていきなさい、と。それをしていかないと、偉業というものは達成できないと語っている。

大リーグで活躍するイチロー選手もこう言っているそうだ。地味にコツコツやっていくことで、最終的にとんでもないところに辿り着くことができる、と。今の目の前にあることに対して、一つひとつ、集中力を持って取りかかるということに尽きるのだ。**大きなことを考え、そこに到達するには、小さなことに集中していかないと決して到達し得ないということである。**

時間を生み出す方法として、有効なものがもう一つある。ネットをできるだけ使わない、ということである。ネットを使わないと決めると、集中力が上がる。

もちろん情報を収集するときには、パソコンを開いてネットにつなげてもいい。しかし、普段はあえてネットがつながらないところにパソコンを持っていく、くらいの感覚がいい。

特にソーシャルメディアはメリハリを付けて利用しないと、貴重な時間がみるみる奪われていく。そして、いつの間にか時間さえあれば、無意識に眺めないと気が済まなくなる。そして、ソーシャルメディアに接続していないと寂しくなったり不安になったりする、一種の中毒症状さえも引き起こす。人生の貴重な時間を大事にする、すなわち命を大事にするという意味でも、ネットはあえて切る工夫をしないといけない。

実際、例えば、今の自分をずっと監視カメラで撮ったとしたら、いかに自分がネット中毒になっているか、わかるはずだ。スマホなどネットに常時接続しているモバイル機器がここまで普及するとなおさらである。

断固として意識しなければ、中毒になってしまう。それくらい、ソーシャルメディアというものは面白いのだ。だから私も、中毒にならないよう、自分で意識して、気を付けている。

「忙しい」という言葉を使うのは悲しい

毎日、人のまわりには無数のスタートラインが引かれていると私は思っている。そう思って毎日をスタートさせると、見える景色が変わってくる。

とにかくやってみたいと思ったことは、小さな一歩でもいいので、まずスタートしてみる。もし、間違えたと思ったら、すぐにやめればいい。全速力で戻ればいいだけの話なのだ。

だから、何らかの形で毎日、何かの新しいスタートを切る意識を持つといい。自分はどんなスタートが切れるかをリストアップしていくと、二〇個、三〇個は出てくるものだ。

ちょっとしたことでもいい。今日から、こういう言葉を使ってみよう、というものでもいい。人と会ったときに、こんなことを心がけてみよう、でもいい。自分が今までやったことのない新しい挑戦をするのだ。そうすることで、新しい一日が気持ちよくスタートできる。こんなちょっとしたことで、人は変われるのだ。

人生を変えるというと、何か大きなことをしなくてはいけないような気がしてくるかもしれないが、大事なのは、ちょっとした新しいことを始めてみることなのだ。

人は変われるし、誰もが人生を変えられると、私は考えている。その小さな一歩は、今日、始めることもできるということを胸に刻んでほしい。

もう一つ、一日一時間でも九〇分でもいい。仕事以外のことに対して自己投資をするという意識を持つとよい。

中でも、自分の内面や精神性を高めていくものに時間を投資する。まずは意識的に行っていくと、やがてそれは習慣となる。

ところが、忙しくて、そんな時間はないと考えている人たちが世の中にはたくさんいる。本当にそうだろうか。いや、本当にそれでいいのだろうか。

忙しいという言葉は使わないことだ。それは、自分の器が小さいことの証明でもある。実際、大学を卒業した教え子たちの中から、三年ほどすると「忙しくてしかたがないです」という声が聞こえてくることがある。

自虐的な言葉に見えて、これはアピールだと受け取れる。自分はこんなに社会の中で求められているのだ、と。しかし、**忙しさでしか自分の存在価値をアピールできないというのはあまりにも悲しい**。

忙しくないように見えて、忙しい人はたくさんいる。大事なことは、仕事を忙しさではなく、結果で語る人になることだ。私には、そういう人のほうがはるかに素敵に見える。自分の忙しさをアピールすることは、逆効果になりかねないことを知っておいたほうがいい。

とにかくストイックになれ、というわけではない。怠けてはいけない、というわけでもない。ダラダラしてもかまわない。しかし、**すべての瞬間は自分の選択の産物としてある、という意識で時間を使うことが大切である**。

怠けるときは、自分で怠けるという意識をして怠ける。退屈を感じているときは、意識して退屈する。なぜなら、退屈はある意味で好奇心の表れでもあり、新しい挑戦を生むケースもあるからだ。

ただし、自分で意識していない慢性的な退屈観は、人生に真剣に向き合っていない証拠でもある。慢性的な退屈観に悩むなら、命の有限性や死の予測不可能性といった命への緊張感を再確認し、一度しかない人生を、いつ終わるかもわからない自分の人生をどう使うかを考えるきっかけにするといい。

　死を意識できた人は、退屈とは無縁の人生を送れるだろう。

第7章

読書力

何を読むかは、どう読むかよりもはるかに大事

私は事情があって、小学校五年生のときから一人暮らしをしていた。まだまだ未熟で、寂しがり屋だった。

学校に行っている時間は、友達がいて、はしゃいだり、遊んだりできる。しかし、家に帰ると一人になってしまう。その寂しさを乗り越えるために、本を読み始めた。人生最高の師と仰いでいるセネカを初めて読んだのは、中学生時代。彼の言葉一つひとつが、それ以降の自分の人生の支えになった。

彼は、イエス・キリストと生まれた年がほぼ同じである。約二〇〇〇年前のローマ時代に過ごし、多彩な人生を送った。ネロの家庭教師を務めた後、老年は政界から引退し、自分の思索に没頭するような生活を送りながら、最後は自決をした。

二〇〇〇年という時間を超えて、私を支えてくれる師がいることに、私は感動した。本というのは、すばらしいものだと思った。

私の父は小学校の教師だった。父は私が彼の顔を覚える前に天国に旅立ってしまったが、家には彼が遺《のこ》した本がたくさんあり、中学・高校時代はずっと家にあった本を読んで過ごした。今夜は誰と対話するのかという、単に孤独を紛らわすという感覚を超えた、贅沢《ぜいたく》な時間を送ることができたと思っている。

いつも、一番対話したい偉人を選び、彼・彼女の考えを吸収するだけでなく、彼・彼女とある意味で対話をしていた。

自分という人間が弱いからこそ、本の内容を鵜呑《うの》みにしてはいけないと思っていた。弱みを見せたくない、媚《こ》びたくないという気持ちから、極めて批判的に、時にはポジティブに、クリティカルに、自分の日常の中でどう活《い》かしていくか、という心構えで本を選び出し、読んでいた。

どんな友達と付き合ってきたかで、その人がどんな人間かがわかる、という人がいる。

本が好きな人は、何を読んできたかで、その人がどんな人間かわかる、という。どんな人格の持ち主なのかは、読んできた本でわかるということである。

アメリカの思想家エマソンの本の中にこんな言葉が出てきた。自分より優れた人に出会ったとき、どんな本を読んできたか、聞いてみなさい、と。

同じ本を読むにも、自分が尊敬し、印象に残った人から推薦を受けると期待と信頼感、集中力が違ってくる。

最近はネット上でレコメンドをもらえたり、お勧めの本が出てきたりもする。しかし、それで自分の読むモチベーションを高めていくことは、意外に難しい。**本をどう読むかも大事だが、まずはどんな本を読むか、が問われてくる。**これには自らの試行錯誤が必要な部分もあるが、個人的には自分の信頼する人、尊敬する人から推薦をしてもらって読んでいくのがいいと思う。

頂上を一センチ更新するつもりで本を読む

私は本を書くとき、そこに刻まれる文字の一つひとつを、自分の魂の結晶だと思って書いている。読む側にそうした魂が伝わるかどうかは別にして、また、その内容のレベル、質がどうあるかというのは別にして、書く側としては自分が体験し、思索し、そこから生み出された魂の結晶としての言葉を刻んでいく感覚を持つ。そしてそれが一冊の本になっている。

したがって、読み手になったときは、書き手の魂と、対話する感覚で読んでいる。

ニュートンは人間の知について、「巨人の肩の上の小人」というアナロジーをよく使っていた。先人たちが生み出した知的遺産という土台の上に乗って、人々は遠くを見ることができる。

巨人は巨大だから遠くまで見渡すことができるが、小人にはそれはできない。しかし、小人は巨人の肩の上に乗ったとき、巨人と同じように遠くを見渡すことができるのである。

われわれはある意味では、生まれた瞬間は未熟ではあるが、いろんな本を読んでいく中で、こうした知的な土台の上に立つことができ、高い境地に行くことができる。

ただ、そこで終わってしまったら、もったいないと私は思っている。そこで自分自身が心がけているのは、先人たちが築いた頂上があるとすると、頂上を更新するつもりで本を読むことだ。**たった一つの石でもそこに乗せることにより、頂上は一センチ**

でも更新されるのである。

一〇〇を教えてもらったら、わずかに一でもいいから、相手に教え返す気持ち。これは非常に大事なことだと思う。自分がそれを理解して終わるのではなく、それに対して自分自身が何か一つでも付け加えていく意識を持つのだ。

著者が切り開いた世界を、われわれは直接経験することはできない。しかし、本を読むことによって、その著者が体験し、思索したその世界を間接的に体験することはできる。

本を通じて間接的に体験できた分、そこに自分の直接的な体験から生まれた洞察を付け加え、その世界を拡張しようとしてみる。**本を読むとき、理解するだけでなく、その著者に対して、追加的な質問を投げかけてみるのだ。**

著者は答えてくれないかもしれない。それは書かれていないかもしれない。しかし、それでいいのである。残りの紙面にも、それは書かれていないかもしれない。著者に対して質問をする気持ちを持つということは、答える権限や義務を著者だけに与えるのではなく、自分に与えることになるからだ。

自分が本を読み、そこから新たに生まれた問題意識があるとすると、その答えを自分が導き出そうとする努力につながる。著者が切り開いた世界を、自身で拡張していくというアナロジーになる。本は、ただ量を読めばいいというものではない。一冊を主体的に、能動的に、創造的に読んでいくことを心がけていくのだ。

読書を通じた魂の対話は、著者の血液が自分の中に流れてくる感覚がある。**本当に深く没頭し、没入して本を読んでいくと、著者と自分の間には境界線というものが消えて、混ざっていくような気持ちになる。**その不思議な感覚を多くの人に味わってほしいと思う。

われわれが本を選ぶように、本がわれわれを選んでいる

読書は山を登ることに似ている。著者は、自分が最終的に到達したところから見える景色を、本の中で書いている。

われわれはそれを読んで、あたかも自分が頂上に立っているような気持ちになる。最終的な結果を読んでいるのだ。

しかし、その著者が山を登っている最中に見た景色は書かれているとは限らない。途中で転んでケガをしたとか、その痛みとか、途中における小さくて素朴な喜びとか、迷った経験とか、そういうものが必ずしも本に書かれているとは限らないのだ。

だからこそ危険なのは、頭でっかちになって、同じような思想に達したと思ってしまうことだ。そうではなくて、著者が登るときに見えていた景色を想像してみることが大事になる。イマジネーションをフルに働かせ、立体的に読んでみるのだ。

時には、著者が書かなかった景色に直面することができる。そうすることで、本から得られるものは、より豊かになっていく。

われわれが本を選ぶように、本がわれわれを選んでいるところもある気がする。われわれがその本の読者に値するかどうか、本に試されているということだ。

だから、本に対しては真摯な態度を取らなければいけない。その本を読む資格を、自分でつくり上げていくという意識が必要である。

本を読むときに一番大事なことは、新しい視点を獲得できるかどうかである。自分の今までの視点を、より成長した視点に転換していくというつもりで、本を読む。

実は、本を書くときもそうである。この本は読む側にとって、どんな感動や成長が得られるのか。人生を豊かにするための、視点の転換のきっかけを与えられるのか。そんなことを考えながら、本を書く。**なぜなら、読む前と読んだ後で、どう変わったかが、本の価値だと私は考えているからだ**。そして、本を読んだ後に大事なことは、成長の伸び幅だ。

例えば大学のゼミでも、私が学生に求めたものは、もともと持っている力ではなかった。例えば一〇〇の力がある学生がいて、五〇の学生がいるとする。一〇〇の力の学生が一二〇になるよりも、五〇の力の学生が九〇になったほうが、成長の伸び幅という点で、はるかに嬉《うれ》しいことだった。

だから、本を読む際も成長の伸び幅を常に意識するとよい。その本を読んだ後に、果たして自分自身に価値が加わり、成長できたのか。それをたえず意識しながら読むべきなのだ。


読書体験の初期において心がけていたことは、まずは本を最後まで読み切ることと、そして、本を読みながらメモを書くことだった。

しかし、今は本を読み切ることは自分の中では重大な関心事ではなくなっている。例えば、ある一冊の一ページで、心に引っかかる一文があるとすると、そこに自分の思索を介在させることによって二時間、三時間と楽しんでしまう。これは極端な楽しみ方かもしれないが、私にはそれが心地よい。

その一行が自分の思考の起爆剤になって、おそらく著者が想像さえしていなかったことまで思考の羽根を伸ばし、考えることを楽しむ。一行が自分の触媒《しょくばい》として働いてくれる、そんなアウトプットのための読書をしている。

したがって、本を読むという行為において、完全に主役は自分である。昔は、主役は著者に委ねて、自分が観客になって著者の演技を見ていたようなところがあった。しかし、今はそうではない。何かのきっかけをもらい、そこから自分が何かを生み出していくような感覚を持っている。それが楽しくてしかたがないのだ。

読書を原材料にして、自分の新たな視点をつくり上げていく。料理をつくるイメージと同じといえばわかりやすいだろうか。そのためにはまず、圧倒的な量の読書が必要になる。そこから、料理のための原材料を拾い上げていく。そんな感覚で本を読んでいる。

われわれはそれぞれ、
読者に値するかどうか、
本に試されている。

魂を傷つける読書はしない

本は食べ物のようでもある。どういうことかというと、食べ物には、実は怖いところもあるのだ。そのまま嚙《か》まないで呑み込むと、消化不良になることもある。本当は身体《からだ》にいいはずなのに、身体を悪くするきっかけにもなる。腐ったものを食べてしまうとお腹《なか》を壊して大変なことになる。本来は身体の栄養となるべき食べ物が、健康を害する一因になることもあるのだ。

本も実はこれと同じである。

本を選ぶ際には、腐っていないか、本当に精神という身体にいいのか、読む前にチェックしないといけない。読んでしまってからでは、心にも身体にもよくないのだ。極端な話、魂を傷つけることもあるかもしれない。

先に、信頼する人、尊敬する人に本を勧めてもらうと書いたが、もう一つ、読むべき本を選ぶ有効な方法がある。

もとより世の中には膨大な数の本が溢《あふ》れかえっている。一生かけても、読めるはずがない。限られた時間の中で、自分の成長につながる、感動につながる本をどう選べばいいのか。

本を買うことは、私の場合は、単に知識を増やすというよりも、新しい人生と出会い、より成長した人生を買うという主旨で捉えている。

だから、本を読むことは、自分への投資なのだ。**読書が投資であるなら、当然、読むべき本は厳しく選ばれなければならない**。

そこでキーワードになるのが、古典である。

古典のすばらしさは、著者が亡くなった後も何世代にもわたってその評価と検証が続けられてきた、ということにある。歴史の厳しい評価をくぐり抜けてきたものだけが、古典として残っているのだ。日本でいえば、岩波文庫に優れた古典がたくさん残されている。

学生から、「就職が決まって、半年間以上、時間ができたが、何をすればいいいか」と問われたら、私は岩波文庫だけを読め、とアドバイスしてきた。難しくて読めないところは飛ばしてもいい。挑戦することが、若い頃には大事なのだ。

極端な話、残りの人生、岩波文庫だけを読んでも、十分なくらいだと思っている。

学生たちにそう助言したこともある。

それこそ岩波文庫から数十冊を選び、山にこもって数か月間読み込み、戻ってきたらまったくの別人に変貌していた、ということもあってもよいではないかと思う。

私自身もたくさん岩波文庫を読んできたが、最後のページに岩波茂雄さんが記した文章が、とても心を打つ。そこには次のような一文から始まる文章がある。

「真理は万人によって求められることを自ら欲し、芸術は万人によって愛されることを自ら望む。」

まずはこの最後のページだけでも、読んでみてほしいと思う。

本を読むことは、自分への投資である。
だから、読むべき本は厳しく選ばれなければならない。

本は貸すのではなく、贈りなさい

本を読み出したからといって、最後まで読む必要はない。もちろん最後まで読んだほうがいい本もあるが、読む必要のない本もある。

選びに選んで読むと決めた本であっても、最後まで読む必要のない本というのは存在するのである。これも人脈と同じで、人間的に温かかったり、知識があったり、いろんな意味で自分にとって学びがあったり、感動があったりする人と一緒にいたいように、本も素敵な本と付き合いたいと思うのである。

読み始めて、「おや?」と思ったらやめる。その感覚が大事だと私は考えている。

せっかく買ったのだから、最後まで読もう、という考えは持たなくていい。出したお金も大事だが、何よりも時間が無駄になる。

自分の時間が無限にあるなら、いろんな本を焦らずに、最後まで読んでいけばいい。

しかし、社会に出た人間の多くはそんな余裕を持ち得ない。家事に忙しい主婦も同様だ。読書に割ける時間を効率的に配分する必要があるのだ。

最初の三〇分、あるいは五〇ページ程度で、よく見極めることだ。これは、最後まで付き合うに値するのか、ということを。

最初はなかなか見極められないところはある。その判断基準を常に磨く意識を持って、試行錯誤をすることである。

選びに選んで買った本の中から、最後まで読むに値した本は、人生の宝物である。

中には手元に置いて何度も読み返してみたいという本も出てくるだろう。

アラビアの言葉に、「本を貸すのは愚かだ」というのがある。つまり、決して本を貸すべきではない。なぜなら、返ってこないから、と。一方で「本を貸すのは愚かだが、借りた本を返すのはもっと愚かだ」という言葉もある。

それくらい、自分が読んだ本は大事だということだ。だから、人に読んでほしいと思う素敵な本は、貸すのではなく、新しいものをプレゼントすればいい。それこそ、**デートのときにバラをプレゼントすることに負けないくらい、本を贈ることはとても**

美しい行為だと思う。

その本を読んでいる間は、本をプレゼントしてくれた人のことを思い出してもらえる。自分が素敵に成長できたら、プレゼントしてくれた人のおかげだと思える。

人を紹介するように、本を紹介する。自分が一番尊敬できる人が書いた本をプレゼントする。自分自身には与えられるものがなくても、その著者が自分の代わりとなって、自分の大切な人にギフトを贈ってくれるのだ。

そして、それがもし、素敵な本だと思えたなら、その人は、あなたに限りない感謝の気持ちを抱いてくれると思う。

選びに選んで買った本の中から、
最後まで読むに値した本は、人生の宝物である。

人生の羅針盤となる名著はこれだ

同じ本であっても、読む人によって、その本から得られるものはまったく異なる。そこが本の持つ、不思議で面白い価値だ。言い換えれば、読む人によって本の価値は決まるのだということである。

読んだ年齢によっても、本から得られるものは変わってくる。『星の王子さま』を小学生のときに読んだのと、大学生のときに読むのと、四〇歳になってから読むのとでは、同じ文章が書かれていたとしても、受け取るものはまったく違ったものになる。自分自身が変化しているし、成長している。だから、その解釈は昔と違って当たり前だ。同じ本でも、いろいろな楽しみ方、学び方ができる。一冊の本の価値は自分の成長とともに高まっていくということである。

本によって自分が成長できるというのが一般的な考え方であるが、逆説的にいえば、**自分の成長を通じて本の価値が高まり、本が成長していく**という意味もある。つまり、それは亡くなった著者の魂を生かし続けるという側面もあり、私はそこに深い感動を覚えるのである。

先にも紹介したセネカの本は、私にとって二〇〇〇年という時間を超え、時差を感じさせない本である。

同じように、自分が書いた本が、二〇〇年、三〇〇年後に、ある一人の少年に読まれ、その少年にとっての師となり、最大の友となってくれたら、というのが、私の夢である。

その少年の記憶の中で、私の魂は生き続けることができる。本の中に自分の遺伝子を刻むような、著者の血が読者の中に流れ込むような感覚を誰かが持ってくれたとき、自分の魂は生き続けることができるのではないかと思う。

たくさんの本と接してきて、自分の読みたいものが、まだこの世の中にない、とふと感じることがある。もちろんたくさんのすばらしい名著と出会ってきたし、これからも出会っていくだろう。古典を読むことを勧める私ではあるが、新しい書き手の作品を渇望してもいる。

そして、私が書きたいのも、読みたいのも、恋の終わりのように、ページを繰っていくと次第に寂しくなるような、まだ終わってほしくない、まだ読み終わりたくない、もうちょっと時間をかけて読みたい、と思えるような本である。

読み終えるのが寂しい、親友を失うような感覚で読める本。それこそ、私が書きたい本であり、読みたい本である。

参考までに、私が現在、社会人版ゼミで紹介している私の大好きな本たちを書き記しておきたい。

いずれも名著ばかりだ。本書を読み終えたあとに、あなたの人生の羅針盤となってくれるであろう本を列挙する。

『ゴッホの手紙　テオドル宛』J・v・ゴッホ＝ボンゲル編（岩波文庫）
『キャッチャー・イン・ザ・ライ』J・D・サリンジャー（白水社）
『アルケミスト―夢を旅した少年』パウロ・コエーリョ（角川文庫）
『ゲーテとの対話』エッカーマン（岩波文庫）
『波止場日記』エリック・ホッファー（みすず書房）
『葉隠入門』三島由紀夫（新潮文庫）

『生の短さについて』セネカ（岩波文庫）
『自己信頼』ラルフ・ウォルドー・エマソン（海と月社）
『自省録』マルクス・アウレーリウス（岩波文庫）
『老子』（中公文庫）
『幸福について―人生論』ショーペンハウアー（新潮文庫）
『フランクリン自伝』フランクリン（岩波文庫）
『科学革命の構造』トーマス・クーン（みすず書房）
『ラ・ロシュフコー箴言集』ラ・ロシュフコー（岩波文庫）
『自助論』サミュエル・スマイルズ（三笠書房）
『幸福論』アラン（岩波文庫）
『ファウスト』ゲーテ（岩波文庫）
『エセー』モンテーニュ（岩波文庫）
『ベートーヴェンの生涯』ロマン・ロラン（岩波文庫）
『知性について』ショーペンハウエル（岩波文庫）
『論語と算盤』渋沢栄一（ちくま新書）
『星の王子さま』サン＝テグジュペリ（新潮文庫）

『人生論』トルストイ（新潮文庫）
『怒りについて』セネカ（岩波文庫）
『人間の土地』サン＝テグジュペリ（新潮文庫）
『魂の錬金術』エリック・ホッファー（作品社）
『君主論』マキアヴェッリ（岩波文庫）
『人間的、あまりに人間的』ニーチェ（ちくま学芸文庫）
『パンセ』パスカル（中公文庫）
『人生談義』エピクテートス（岩波文庫）
『眠られぬ夜のために』ヒルティ（岩波文庫）

第8章

選択力

人は選択を通じて、人生をいつでも軌道修正できる

自分が自分自身をどれくらい信じることができたかによって、人生の価値は決まると私は考えている。これは言い換えれば、自分が生きている間に下した選択によって、自分がつくられ、人生がつくられていくということである。

今の自分は、過去の自分の選択に基《もと》づいて生まれた結果である。そして未来の自分は、これから自分が下す選択の積み重ねによって生まれる。

この事実を理解した上で、人生のありとあらゆる瞬間におけるすべての選択を意識して行う必要がある。

選択の存在理由とは何か。それは自由の証明である。

われわれが自由に生きていることを証明するのが、われわれの自由意思に基づいた選択なのだ。

選択できる状況と選択できない状況とでは、人間が持つ生きる力は大きく異なって

くる。アウシュビッツで生き残った人たちが書き残したものを見ると、不可抗力の状況は自分でコントロールできないことがわかる。

だが、過酷な状況にあっても、自分の内面に光を見出《みいだ》す人もいれば、影を見出す人もいる。ポジティブに捉える人もいれば、ネガティブにしか捉えられない人もいる。

心の中での選択は自分のものである。その意味では、選択することは、自分の権限であると認識することが、まずは大事なことになる。

われわれが選択をするのは、未来が不確実だからだ。だから、選択が求められる。もし、未来が決まっていて、われわれが進む人生の軌道が決まっている場合には、選択というものはいらない。その道を進んでいけばいいし、そこには不安も迷いも一切ない。

ところが、人生にはさまざまなオプションがある。どれを選択すれば、自分が目指すところに辿《たど》り着けるのか、複雑でわかりにくいのが、自由な社会というものである。だから、選択するときに不安に陥《おちい》ってしまう。

不安に陥るというのは、つまり自由に選択できるということ。それは可能性があるということの証明である。**不安があるというのは、「未来に可能性があるのだ」という裏返しだと気づいたとき、選択において感じる不安は、自分の中で喜びに変わる。**

不安は当然ながら、付いてくるものだ。自由な環境のもとでは、どんな状況であっても不安はやってくる。未来が決まっていないがゆえに、不安が発生しているのである。選択から逃れられない人間、もっといえば生き物というのは、常に不安を抱えて生きていくのだ。

その不安を可能性として捉え、可能性を自分の成功や幸福に換えていくことができるか。そのための一つの行動が自分自身の選択であり、一つの行動が選択に基づく自分自身のアクションである。

大学受験などと違い、人生における選択は常に一発勝負というわけではない。合格、不合格で決まるわけではない。選択をした結果、その結果を踏まえた形で選択を繰り返す。

その意味では、**選択はずっと続いていくことになるのだ。人生は、そうやって軌道**

修正されていく。

短期的な失敗であっても、それを長期的な成功のための学びや成長のための土台にできたとき、失敗は成功の原材料になっていく。自分の一度の選択で人生の最終結果が決まってしまうのではなく、常に選択は繰り返されていく、という認識を持っておく必要がある。

今の自分があるのは、
過去の自分の選択に基づいて生まれた結果である。
未来の自分は、
これから自分が下す選択の積み重ねによって生まれる。

結果ではなく、最善を尽くすことを目標にする

選択をするとき、一つ心がけておくといい。

それは、**あらゆる選択の中で、最悪の状況を想定しておくことだ**。どの選択であったとしても、それが最悪に転んだとき、どういう状況が想定できるか、ということである。

これにはいろいろな効果がある。例えば、万が一そうした最悪な状況になったとき、自分の中で想定外のショックは生まれない。

また、最悪な状況を事前に想定することで、そうした状況が生まれないように、自分としてできることは何なのかを考えるようになる。

リスクは何なのかを、自分の中でしっかり理解するのだ。リスクを一つひとつリストアップして、それを一つひとつ消去していくといいだろう。

そうしていく中で、まわりからはリスクに見えるものも、自分の中ではすでにリス

クがないか、限りなくゼロに近い、という状態に持っていくことができる。
ポジティブな状況でいたいなら、ネガティブな状況をあらかじめしっかり考えておくということである。**選択の前段階においては、徹底的な悲観主義になっておくことをお勧めする**。

最悪な状況を想定することができていれば、選択は単なる確率の問題になる。これなら、だいたい七割くらいいけるだろう。そんな選択肢を選べばいい。
未来にはさまざまな予測不可能な不確定要素があり、また、コントロール不可能な、他者の気まぐれも影響してくるだろう。状況の変化はいろいろあるが、確率思考に基づいて判断することを心がければ、自分の心の中で明確に割り切ることができるようになる。

大事なことは、最善を尽くすこと、そして、最終的な結果については、あまり気にしないことである。なぜなら結果は、自分で完全にコントロールすることができないからだ。だから、私自身、自分が選択した道で最善を尽くすことを目標にしている。つまり、結果を目標にはしないということだ。

例えば、東京大学に合格したいという夢があるなら、それをそのまま目標にはしない。東京大学に合格するために自分として最善を尽くすことを目標にするのである。合格するかどうかは、実のところ、さまざまな不可抗力の要素がある。当日の自分の体調もあるかもしれないし、まったく想定しなかった問題が出てくるかもしれない。もしかすると採点ミスが起きるかもしれない。

どんなに頑張っても、自分の中で苦しんだり、不安が消えなかったりする要素は必ずある。

そういうとき、合格ではなく合格に向けて最善を尽くすというように、目標を結果ではなく、自分の内面の問題にすることができていれば、不安は消え、踏み出す一歩一歩の過程に充実感を味わうことができるようになる。合格に向かって努力することそのものから、深い満足を得られるのだ。

東京大学に合格するために最善を尽くす、という目標は、自分の内面ですべて完結できる話である。私はこれを「目標の内面化」と呼んでいる。自分が最善を尽くしている感覚さえ得られれば、もう目標に近づいているのだ。

たとえ、東京大学に合格しなくても、その過程を楽しむことができる。そして実は、こうして過程を楽しんで集中することができたら、結果的に合格する確率も高くなるものだ。

目標を達成するために、過程を犠牲にしないことだ。明日の夢を実現するために、今日を犠牲にしない。そんなふうに過程を楽しむ方法の一つが、目標の内面化なのである。

目標を内面化すると、不安は大きく減じられる。心の中は楽になる。心の平静さを保ちながら、自分を成長させていくことができるようになるのだ。

回り道に見えたことが最短距離の場合もある

選択においては、あたかも正解があるかのように、われわれは考えがちである。選択する時点で、これは正しいのかどうか、と自問することがある。しかし、その際の判断基準を間違ってはいけない。

私は、すべての選択において次の三つの判断基準が満たされているかどうか、を自分に問うことにしている。


一つは、選択が自分のものなのか、という選択における主体性があるかどうかだ。選択に際しては、いろんなことに耳を傾けてもいい。誰かに相談してもいい。しかし、最終的に自分の人生に関わる選択は、必ず自分の決意に基づいて下さなければいけない。主体的な自分の選択かどうかが問われるということだ。

そしてもう一つは、自分が下した決断、選択がもたらす最終的な結果に対して、自分自身が全責任を取る決意があるかということ。

さらにもう一つが、その選択は、他者の幸せにつながるのか、社会の幸せにつながるのか、ということである。

三つの判断基準を別の言葉に言い換えれば、主体性、責任感、使命感ということになる。この三つのセットが、自分の選択においてクリアされているのか。これを常に確認するのである。

もともより選択における正解などというものは、実は決まっていない。**人生においては、問題を出す側も、解く側も、採点をする側も自分自身である、ということを忘れてはならない。**

つまり、選択する瞬間で正解は決まっていないのである。また、正解は複数ある。もっといえば、それぞれの正解に辿り着く道も、複数あり得るのだ。そう考えれば、選択は思ったよりも大変なものではないことに気づける。

途中でいろいろと軌道修正をしても、最終的に辿り着ければいいのだ。**一直線で行くことのほうが、人生では稀《まれ》なことである。さまざまな障害に出くわすのは、ごく普通のことなのだ。**

通常、われわれがやっているのは、自分が目指すところを遠くにイメージしながら、目の前の課題と対峙《たいじ》していくことである。

目の前に障害があったとしても、それを避けながら、目の前と遠くの目標の両方を意識することによって最短距離を進んでいくことができる。

だが、最短距離にこだわる必要はまったくない。回り道に見えたことが、実は最短距離だったということも、案外あるものだ。

目標そのものも、変えてもかまわない。いや、どんどん変わったほうがいいのだ。なぜなら、われわれは自由だからだ。気まぐれに、自分の感覚に委ねてみるのだ。

五年後、一〇年後の目標を立て、そこからずれそうになると、大きな不安に襲われる人もいるが、一度つくった目標に頑《かたく》なになる必要などまったくない。

愚かな一貫性より、賢明な柔軟性が求められる場面が、人生にはたくさんある。われわれは自由に人生を選択できるし、人生を自由に自分の意思で変えていくことができるのだ。人間とは本来、そういう生き物なのである。

人生はいつでも軌道修正することができる。選択はそのためにあることを覚えておいてほしい。

目標は変えてもかまわない。
いや、どんどん変わったほうがいい。
なぜなら、われわれは自由だから。

人生の醍醐味は正解を自分で決めることにある

選択における正解を見つけるために苦しむ人がいる。しかし、正解というものは、神様が決めてくれるわけではない。実は、自分自身が構築し、証明していくものである。そのことに自分自身で気づけたとき、選択における主体性が一気に高まり、人生の主導権を手に入れたことになるのだ。

つまり、選択した瞬間に正解かどうかが決まるのではなく、選択した直後から自分の努力を通じ、自分の選択が正しかったということを証明する作業に入っていくことになるのだ。

正解は決まっているわけではなく、自分自身が正解にしていくのである。

大きなことを成し遂げた人は必ずといっていいほど、紆余《うよ》曲折《きよくせつ》の人生を歩んでいる。選択したことが一見、正解でなかったとしても、自ら選んだその道で尋常ではない努力を重ね、障害を乗り越え、選んだ道を正解にしていくのだ。

彼らがなぜ、そのようにいくつもの壁を乗り越えていけるのか。それは、自分の選択に関して、一〇〇パーセントの責任を取りながら生きているからである。

選択という行為は、ある一つの道を選ぶに過ぎない。その道が正しいかどうかは、自分が選択した直後から、どのような行動を取るのか、どれくらい努力をするのか、というところにかかっているのだ。

正解は、自分で決める。人生を生きる醍醐《だいごみ》味はまさにここにある。まわりがいくら正解だと言っても、自分の中で正解でなければ、正解ではない。自分の中で自分の正解を導くということだ。

それをせずに、まわりの判断基準を借りてきてしまうと、常に大きな不安に襲われることになる。

ここであえて自らに問うてほしい。**自分の人生を、まわりが決めた正解なるものに合わせ続けることで一生を終えてしまってよいのかどうか、と。**

もちろん、否であろう。

本当に心から好きな仕事があれば、社会的な視線は気にせずにその道に進めばいい、ところで私は学生たちによく言ってきた。そうすると、「好きなことはどうやって見つければいいのか」と返ってくるのが、いつものことだった。

好きなことは、簡単に見つかるわけではない。自分と真剣に向き合い、見つけるしかないのだ。今まで自分がどれくらい、自分の好きなことは何かに、とことん向き合ってきたか、ということである。

自分の好き嫌いの感覚を、自分がどれくらい磨き、自分自身と対話してきたか。それを自分に問うたとき、多くの学生が、あまり自分を大事にしてこなかったことに気づく。

もちろんこれは学生に限った話ではない。われわれ、多くの大人も同様だ。自分の好き嫌いの感覚を磨き、自分と真剣に対話してきたと自信を持って言い切れる人がどれだけいるだろうか。

正解は瞬間瞬間で、変わってもいい。大事なのは、自分にとっての正解とは何かを、自分で見つけようとする意識である。この意識を持つことで、人生の指揮権を取り戻すことができるのだ。

正解は自分で決める。
人生を生きる醍醐味はまさにここにある。

自分の信念を貫いた非常識は美しい

大事なことは、選択する前、選択する瞬間、選択した直後のモードを、自分の中で変えていくことができるかどうか、だ。

つまり、選択する前は自分の中で可能な限り、情報を集めることが大事で、選択する瞬間はさまざまな要素を熟考した上で、選択という決断を冷静に下す必要がある。

では、選択した直後はどうか。実はちょっと強引なくらいがいい。

他人が何と言おうが、自分が信じるこの道を自分で納得した正しい道だと考える。

世の中の人々にも、その道の価値がわかるように伝える努力をする。自分自身が選んだ道を自分自身で正しい道にしていく感覚を持つことが決定的に大事である。

ずっと異端児でいたければ、それでもまったくかまわない。しかし、やはり人は、自分がその道を最初に行く人であっても、誰かにわかってもらいたい、認めてもらいたいと思う生き物なのである。

自分が最初の一歩を踏み出したことによって、後から自分の足跡を追って、いろんな人たちがついてくるような、そういう道を開拓する人間は、異端児ではなくなり、社会を変革するイノベーターになっていく。イノベーターになるためには、最終的には社会的認証が必要となる。

だから、人生の中では、できるだけ足跡の多い道は歩かないようにして、自分の信じる道だけを歩んでいく、という生き方があってよい。たとえ、それが孤独な道であっても、だ。私自身はそういう生き方をしたいと思っている。その道が導く最終的な目的地を想定したとき、目的地が自分の中で限りなく価値があると思う道であれば、たとえそこに足跡がなくても、その道を突き進んでいく、と。

一〇〇人いて、九九人が左に行っても、自分は右が正しいと思ったら、自分を信用して右に行く。その決断ができるくらいでなければ、イノベーターにはなれない。

スティーブ・ジョブズの言う「Stay foolish」とはそういうことだと私は考える。自分にとって正しいことをしなさい、ということなのである。**世の中から愚かと言われても、自分にとっては正しい道を進む**。そういう生き方をしなさい、と。

自分に対する絶対的な信念がなければ、時代をつくり出すことなどできない。時代を先導することなど、到底できないのである。

だから、結果的に異端児になることを恐れてはいけない。自分の信念を貫いた結果として、世の中から非常識と言われても、まったく気にしないことである。**自分の信念を貫いた非常識ほど美しいものはない**。

信念があれば、いつか必ず、本当にわかってくれる人が現れる。その人こそ、あなたが心から大事にするべき人なのだ。

背負っている荷物を下ろし、スペースをつくる

人生において、正しい選択力を阻んでいるものがある。その一つが、いつの間にか、重い荷物を背負ってしまっていることである。人生を歩んでいるうちに、精神的にも肉体的にも多くの不要なものを背負ってしまう。残念ながら、これによって動きが遅くなるのだ。

だから、定期的に立ち止まり、重圧に感じているものは何なのか、一度、リュック

を下ろして中身をすべて出してみることをお勧めする。いわゆる人生の棚卸しである。そうすることで、動きを速めることができるのだ。人生の歩みのスピードを上げられるのである。背負ってしまった重い荷物の中身が何であるのか、ということもわからずに、人生を歩んでしまっている人がいかに多いことか。

私は旅行に出かけるとき、大きな荷物を持たないことにしている。ペンとメモ帳、財布、iPhone、あとは数冊の本があれば十分だ。日常生活に必要なものは、行く先々で調達すればいいと割り切っている。

旅行に行くときは、使うかもしれないものを全部入れていくと、荷物が大変なことになる。重くて、旅行そのものの邪魔をする。だから、できるだけ荷物を持たないことで、自分を自由にさせる。

精神的に自分に重圧になるものも、自分が持たないよう、引きずらないよう、その段階で立ち止まって解決するよう、自分の中で心がけていく。そうすることで、最終的に自分が到達できるところは、より遠くなっていく。

重い荷物を持って歩き続けることが重要ではないのだ。時には、少し休んでもいい。頭の中に情報を入れ続けるのではなく、脳にも休憩を与えてやることだ。

一流のホテルでは、急に訪れるかもしれない大事な顧客のための部屋は常に空けている。同じように、脳内にも、ＶＩＰ席をちゃんと空けておくのだ。

大事な何か知的なインスピレーションがあるとき、それが活《い》きてくる。そして、日常における穏やかさを失わないようにするためにも、常に精神的なスペースをつくっておくことは大事である。

選択とは、その他をすべて捨てること

選択とは、あるものを選び出すことではあるが、見方を変えれば、他のすべての選択肢を捨てる、ということでもある。自分が本当に欲しい一点のために、他のすべてを削り落とす、ということなのだ。

選択とは、ゼロから何かを創り出していくような創造的な行為ではなく、捨てたり、やめたり、断ったり、削ったりという、極めて禁欲的な行為である。

ミケランジェロがあの美しいダビデ像を創った秘訣《ひけつ》を聞かれたときに、こういう趣旨の話をする。

「自分はダビデを創ったのではない。ダビデは石の中にすでに眠っていて、自分は不要な部分を削り落としただけだ」、と。

つまり、不要な部分を削り落とすと本質だけが残るということである。きっとわれわれ一人ひとりの精神の中にも、美しいダビデは眠っているはずで、ミケランジェロがそうしたように、日々の選択をもって本質以外の不要な部分を削り落とさないと、ダビデは一度も目を覚ますことのないまま、永遠に眠り続けることになってしまう。

常に自分の人生の中で大切なことは何かを問い続け、それを先送りしない人生を生きることだ。そういう人生であれば、人生は一度で十分。

自分の人生は、誰にも侵すことのできない、絶対不可侵のものなのだ。自分の人生は自分で守り抜くという意識と、絶対不可侵の人生を確立するという決意が、われわれの人生に夢と希望と自由を与えてくれるということを、今、胸に刻みこんでほしい。

最後に、ひと言。
断言しよう、人生は変えられるのだ、と。

おわりに

居心地のよさは、挑戦への不安を増殖させる

二〇一三年春、私は一〇年間お世話になった慶應義塾大学特任准教授の職を辞した。そして五月からパリに居を移し、現在はバルセロナで暮らしている。

二〇代の一〇年間、アジア、ヨーロッパ、アメリカの三大陸でさまざまに国を変えて過ごした。新しい挑戦をするたび、私は成長した自分に出会うことができた。

慶應義塾大学で過ごした三〇代の一〇年間も、私にとって刺激的な日々だった。自分自身に、大きな成長をもたらしてくれたと思う。

しかし一方で、私には大きな危機感があった。日本の一流大学で教鞭《きょうべん》をとる暮らしは、あまりに居心地がよかったからだ。居心地のよさは、何よりも警戒しなければならない。

このままでは一〇年、二〇年、もしかしたら退職までこのまま過ごしてしまうのではないか。新しい挑戦ができなくなるのではないか。そこそこ刺激的な仕事と生活か

ら得られる成長で、自分はもういいと思ってしまうのではないか……。私は心地よさの中で大きな不安に襲われていた。

このまま現在の延長線上での成長を目指すのか。それとも人生を軌道修正して新しい自分に会いに行くのか。

ちょうど四〇代が目前に迫っていた。軌道修正を図るにはいいタイミングだ。もう一度、新たな学びを得なければいけないのではないか。私は職を辞し、パリに居を移すことを決断した。

何かが待っていたわけではない。特定の組織に所属するわけでもない。自分で自分のための大学院を開設し、「人生というカリキュラム」をつくるつもりで学びたいと考えた。それにふさわしいと思えたのが、パリに移住することだった。

絵画を見たり、料理を食べたり、旅行をしたり。そして、本を読んだり、芝居を見たり、音楽を聴きに行ったり。公園や森、街を散歩したり……。人生を豊かにするあらゆるものを、まさに三六〇度の角度から、パリという舞台で学んでみたいと思った。海外において、豊かな人生というものを、改めて味わってみたい、と。

パリに居を移すことで何が起きるのかは、自分でもまったく想像がつかなかった。新しい環境を手に入れるということは、それまでの環境を手放すということでもある。犠牲もそれなりに強いられるのだ。

だが今回、わかったことがある。人間は、新しい挑戦によって失うものについては、自分で明確に認識することができる一方、新しい挑戦によって得られるものについては、常に不安が先行し、自分の想像力や信念、ビジョンでしか支えることができない、ということだ。自分の未来における不確実性に対して、大きな不安を覚えるのが、人間という生き物なのである。

実際、何をするのか、まるで決まっていなかったパリ行きは、私を不安の底に陥れた。ところが、決断を下し、大胆に踏み出し、パリで暮らし始めてみると、一週間もたたないうちに私はこんなふうに思うようになった。**どうして自分は、あんなどうでもいいことに悩んでいたのか、と。**

一歩、踏み出せば、それまでの景色は一変する。まったく違った景色が広がるのだ。それを二〇代で実践して知っていたはずなのに、日本での居心地のいい生活の中で、私は自分の新たな可能性を見失っていた。居心地のよさが、新しい挑戦への不安だけを増殖させていたのだ。

新しい生活が始まると、判断は極めてシンプルになる。とりわけパリには、私には通う勤務先もない。

決めなければいけないことは、目の前で何をするか、ということだけだ。しかもそれは、日々の暮らしにおいて極めて基本的なことであった。料理をする、散歩をする、本を読む、買い物に行く……。しかし、**こうした当たり前のことがいかに大切であるか、私は改めて気がついた。**

知り合いは誰もいない。何も決まっていない。そんな中で、本質以外のものが削られていく快感を、私は味わうことになった。自分がいかにどうでもいいことに縛られていたか、ということに、私は改めて気づかされたのだ。


パリで私は新しい価値をまた、手に入れた。それを、多くの人に伝えたいと考えるようになった。

もとより大学の職を辞したが、自分の研究者としての、教育者としての任務はまったく変わっていないと考えていた。変わったのは、特定の組織から自分が離れるということである。

一方で、教育者としての私にとって最も幸せな時間、理想の時間が何だったのか、ということについて、私はパリで痛感することになる。それは、ゼミナールの時間だった。

慶應義塾大学の教員時代、私のゼミは人気ゼミとして知られていた。だが、その一方で極めて厳しいゼミとしても知られていた。それにもかかわらず、多くの学生が、キムゼミに入りたいと手を挙げてくれる。そんなゼミだった。

ゼミの何が魅力なのか。その一つは、利害が前提にないことだ。金銭的なつながりやビジネスのようなコネクションもない。ただ自分を成長させたい、という志一つで集まっているコミュニティである。そこには、ある意味での無償の愛を私は感じることができた。

コミュニティとして最も弱いものは、何の拘束力もなく、集まった人たちにもたいしてやる気のない場だ。そのようなコミュニティは、いつでも解散できてしまう。

一方、一番強いコミュニティは、何の拘束力もないけれど、志一つで集まり、つながっている。だから、連帯や結束が生まれるのだ。一つの志があり、それを中心に集まった人間は、強いのだ。ゼミには、それが生まれる。

またゼミをやってみたい。しかし、私には属する組織がない。そんな思いは日々、強くなっていった。

きっかけは小旅行だった。日帰りでパリ郊外のモネの生家を訪ねたときのことだ。印象派の巨匠、モネの家で私は衝撃を受けることになる。生家に飾られていた絵画のほとんどが、日本の浮世絵だったからだ。

モネが浮世絵に影響を受けていたことは耳にしていた。しかし、大変な量である。飾られていた二〇〇枚ほどの絵画のうちのほとんどが浮世絵なのだ。これは、苦労して画家になり、成功を収めたモネの最後の意思だと思った。世俗や世間から距離を置き、本当の自分の世界をつくり上げたのだ。すばらしい庭園も見た。池にさざ波が立っていた。

私の気持ちは、この場所で完全に「浄化」されたのだと思う。自分は何を目指すのか。何をライフワークにしたいのか。何を人生の柱にするのか。それまであまり意識的に考えていなかったことが、自分の中で次々に浮かんできた。

帰りの電車の窓に、美しい景色が流れていく中で、インスピレーションが溢《あふ》れるようにわき出てきた。ノートを取りだし、文字にして書き始めると、テーマが自然にでき上がっていた。これを多くの人が求めている、と私は強く感じた。

私には属する組織はない。しかし、ゼミナールはできるのではないか。自分で学校をつくろう。日本で社会人に向けたゼミをやってみよう。こうして、私の新しい挑戦は始まった。

大学にいたときのキムゼミのスタイルは、ある種、特殊なものだったといえるかもしれない。一方でそれが、学生からの人気を得た理由の一つでもあると思っている。

ゼミにおいて、私が教壇に立つことはなかった。私が行うのは、テーマを設定することである。それについて、学生が自ら調べてくる。そして、それをゼミ生みんなの前で発表する。

つまり、自らの学びを人に教えるのだ。このとき、実は人に教えることこそ、自らに最も大きな学びを得られるということを知る。**人間は、人に教えるときにこそ、成長するのだ**。

そして、必要なことは知識ではない。得た知識を知恵へと昇華させる力である。それが、自らの見解を展開するときに必要とされてくる。

同時に、多くの学生のプレゼンテーションを受けることで、四〇人なら四〇人なりの視点や学びを、ゼミ生は手に入れることができる。一つのテーマに対して、多様な考え方を知ることで、物事に対する多面的な視点を手に入れることができる。

こうして、知識を得るのとは異なる成長を、学生たちは得た。それは、次なる大きな成長への、極めて有効なステップになったのではないかと私は思っている。

社会人向けゼミでは、しっかりと講義をする一方で、こうしたキムゼミらしいニュアンスも取り入れたものにしたいと考えた。

第一回の社会人版キムゼミは、二〇一三年九月に行われた。ありがたいことに、フェイスブックやツイッターの告知だけで、あっという間に四〇名の定員が埋まってしまったが、私自身、驚いたことが一つあった。

それは、若い人のみならず、社会経験を長く得た人たちも少なくなかったことである。年齢を重ねるにつれ、成熟するにつれて、徐々に自分でコントロールできる部分は増えていく。だが、年齢を重ねたからといって、自動的に問題を見つけ、問題と向き合い、そして問題を解決できるわけではない。また、年齢を重ねたからこそ、見えてくる課題もある。成長への強い意欲が、そうさせるのだ。

そしてすばらしい四〇名の仲間が第一期生となり、週一回、四回にわたるキムゼミ社会人版を実現することができた。

私が社会人版キムゼミで心がけたことは、まずはしっかり自分の伝えたいことを伝え尽くすこと。そしてそこでは概念的な思想や哲学のみならず、できるだけ具体的な方法論にも言及することだった。それが求められていたことに気づいていたからだ。

概念的な思想は、汎用性はあるものの、特定の場面における具体的な指針になるには、それを使う側のかなりの解釈能力が要求されるという側面がある。対照的に、具体的な方法論は、特定の状況には適合性が高いものの、ときに汎用性に乏しいという弱点もある。ゼミでは、両方をカバーしながらも、特に後者の具体的な方法論に重点を置くようにした。

本書は、そのエッセンスを書籍に著したものである。いい人生を過ごすために持っておくべき、「八つの力」である。

先にも書いたように、人間が本当に一番深く学ぶことができるのは、人から教えてもらうときではなく、人に教えるときである。私自身、教育者になって初めてそのことに気づかされた。

人に教える立場になれば、自分で深く理解しなければならない。しかも、それを他者に伝えるとなれば、どんな言葉を使い、どんな表現をするのか、という伝達力も必要になってくる。

私がぜひ読者のみなさんに挑んでみてほしいと思うのは、自分なりに本書の内容をまとめてみる、ということである。

もし、本書の内容を誰かに伝えたい、教えたい、と思うなら、自分にとっていったい何が大事だと感じたのか。それをどのようにまとめ、どのように教えるのか。そのプロセスこそ、実は本書の内容を、最も深く理解し、自分の中に浸透させていくことになると私は思う。

教えてもらうよりもはるかに、教えることのほうが、理解が深まるのだ。自分を成長させられるのである。それを、ぜひ体験してみてほしいと思う。

人生の目的は何か、と問われたら、自分の精神性を高めること、と私は答える。もしかしたら、人生の目的は、その一点しかない、ともいえるかもしれない。それは言い換えれば、自分を成長させる、ということである。私は、成長しようと努力する過程こそ、幸せを生み出すことができることを知っている。

幸せは外にはない。自分の中にしか、見つけることはできないのだ。

自分が思っていることでも、他者が考えていることでも、自分の経験でも、他者の経験でも、ポジティブなものでも、ネガティブなものでも、一切合切すべて含めて自分自身の精神性を高めていくことにつなげることが、実はできる。自らの神聖さに気づくことができれば、すべての瞬間を、日常を、学びとして捉えていくことができるのである。

人生を変えるのは、難しいことでもなんでもない。それは、一瞬にして可能となる。

何度も言うが、必要なことは、視点を変えること、それだけだ。

例えば、与えるということを意識した瞬間、自分がいかに多くのものを与えられているかということに気づくことができるはずだ。

成長は多くを与えてくれる。その喜びを、多くの人と分かち合いたい。私はいつもそう思っている。

最後になったが、本書を出版するにあたっては、T氏に大変お世話になった。また、本書の構成を考える上でブックライターの上阪徹氏に、編集作業においてはサンマーク出版の高橋朋宏編集長にご尽力いただいた。この場を借りて、深く感謝申し上げたい。

二〇一四年七月

ジョン・キム

[著者]
ジョン・キム John Kim

作家。韓国生まれ。日本に国費留学。米インディアナ大学マス・コミュニケーション博士課程単位取得退学。中央大学博士号取得（総合政策博士）。ドイツ連邦防衛大学博士研究員、英オックスフォード大学知的財産研究所客員上席研究員、米ハーバード大学インターネット社会研究所客員研究員、慶應義塾大学大学院政策・メディア研究科特任准教授等を歴任。アジア、アメリカ、ヨーロッパ等、3大陸5か国を渡り歩いた経験から生まれた独自の哲学と生き方論が支持を集める。著書に『媚びない人生』（ダイヤモンド社）、『真夜中の幸福論』（ディスカヴァー・トゥエンティワン）、『時間に支配されない人生』（幻冬舎）、『不安が力になる』（集英社新書）がある。2013年からパリ、バルセロナに拠点を移し、執筆活動中心の生活を送るとともに、自ら主宰する社会人版キムゼミが人気を呼んでいる。

断言しよう、
人生は変えられるのだ。

2014年8月20日　初版印刷
2014年8月30日　初版発行

著　　者　ジョン・キム
発 行 人　植木宣隆
発 行 所　株式会社サンマーク出版
　　　　　東京都新宿区高田馬場2-16-11
　　　　　電話 03-5272-3166（代表）
印　　刷　株式会社暁印刷
製　　本　株式会社若林製本工場

ISBN978-4-7631-3387-8 C0030
ホームページ　http://www.sunmark.co.jp
携帯サイト　http://www.sunmark.jp